JN074034

\ 先生のための /

保護者相談

配慮を要する子どもの保護者とつながる **3つの技術**

ハンドブック

監修｜大石幸二
編著｜竹森亜美
　　　須田なつ美
　　　染谷怜

学苑社

監修者まえがき

　臨床教育的あるいは臨床心理的援助の現場には、「腕の良い」先生方やカウンセラー、ソーシャルワーカーの皆さんがおられます。着任後わずかの期間で、子どもと保護者の信頼を勝ち得て、効果的な相談活動を展開し、子どもたちの育ちと学びに関する課題に、力を合わせて取り組むことができる土台を築いてしまうのです。しかし、しばしばこのような「腕前」は、その方の人間性やセンスの良さ、経験の豊かさ・幅広さに還元されてしまい、とてもマネできるものではないと考えられてきました。本書では、そのような「腕前」を多くの先生方や若手カウンセラー、若手ソーシャルワーカーが手に入れるにはどうしたら良いか、ということを考えました。そして、「つながり」「引き出して整理し」「つなげる」という３つの技術にたどり着きました。

　保護者相談を効果的に進めるための３つの技術は、頭でわかっても、実際に実践することは容易ではありません。先生方や相談担当者と保護者では、子どもが抱えている困りごとの捉え方が異なるかもしれません。むろん、教育や心理の専門家である先生方や相談担当者と保護者では関わりの技術に違いがあるでしょう。一方、子どもの生まれや育ちについては、保護者ほどには、先生方や相談担当者は理解できないかもしれません。ですから両者は力を合わせ、互いの考えや立場を認め合い、子どもにとってより良い判断を行なう必要があるのです。そのために、本書には数多くの事例を示し、ワークシートも準備しました。本書が皆さまのお役に立つことを願ってやみません。

大石　幸二

はじめに

　本書は、「保護者相談をするのがはじめて」、「保護者相談がうまくいくかどうか心配」という学校の先生方に向けて書かれています。保護者相談について長い経験がある先生は、大事なポイントの「振り返り」としてご活用いただけます。

　ここでいう「保護者」は、小中学校の子どもを持つ親御さんを想定しています。「先生」は、日々教壇に立たれる学級担任や教科・専科・少人数担当の教師を考えています。もちろん、特別支援学校や特別支援学級、通級指導教室や特別支援教室などの担当教師も「先生」の中に含まれます。また、「相談」とは、先生と保護者で子どもの課題や支援のポイントなどを共有していこうとする話し合いや関わりの全体を指します。

　本書は、ひとつの事項が見開きで完結するように書かれています。ですから、必要な事例だけを選んで読んだり、先生同士の共通理解のツールとして日々の相談活動にお役立てください。

　これまでの指導の経験に加えて、「相談の技術」を知り、それを積極的に活用することで、先生も保護者も気持ちがラクになるでしょう。

竹森　亜美

読み方ガイド

　本書は、第1〜4章が解説編、第5章が事例編、それから付録（ワークシート）とコラムから成っています。全般的な学習を先行して、保護者相談の全体を把握したい先生方や、自分自身の保護者相談に関する知識・技術を整理しておきたいというカウンセラーやソーシャルワーカーの方は、先頭の章から順に読み進めていくと良いでしょう。一方、今まさに直面している保護者相談の中で活用したい、あるいは他機関（専門機関など）に紹介すべき時期にきているので、「だれかとつなげる」技術の部分だけを真っ先に知りたいという先生方や相談担当者の方は、スポット的にお読みになったり、事例の部分だけをご覧になるという活用法もあります。

保護者相談の全体を把握したい方のために

　第1章から順に読み進めてください。解説編は、「つながり」をもつための技術、「引き出して整理する」ための技術、「だれかとつなげる」ための技術という、保護者面接を進めていく最もポピュラーな順で構成してあります。ですから、第4章までを読み終えるころには、保護者相談のイメージが形作られているはずです。あとは、実践を行なうのみなのですが、その前にぜひ第5章も斜め読みしていただきたいと思います。第5章には、学校という現場、あるいは学齢の子どもにおいて出現頻度が高い事例を意識的に配列しました。20の事例を見ていただくと、そのすべてが3つの技術に準拠して記されていることに気づかれるばかりでなく、子どもの育ちや学びに関する保護者相談に向かう際の、相談担当者の心構えについても了解されるものと思います。先生方について言えば、この心構えを了解していただけると、問題の予防的なアプローチも可能になるのです。

特定の技術や事例を押さえて、実践したい方のために

　今まさに直面している保護者相談の事例で活用したいという場合に

は、本書の全体に目を通している時間はありません。そのため、第5章に挙げた20の事例の中から、担当されている事例に最も近いものをピックアップすることから始めます。《事例概要》を見ていただくと、どの事例がご自身の担当する相談の類例であるかが見つけやすいと思います。ただ、注意しなければならないことは、それぞれの事例は、解決すべき問題を、保護者と力を合わせて取り扱うための指針を示している、ということです。ですから、手順を踏んでじっくり辛抱強く問題に向き合わなければならない場合も出てきます。しかし、そのような相談への取り組みを丁寧に進めた暁には、先生方や相談担当者の相談技術が向上しているはずです。それは、丁寧な相談の過程で、知らず知らずのうちに人間性やセンスが磨かれ、経験の豊かさ・幅広さが培われるからです。それは、決してなだらかな道ではありませんが、一歩一歩たどる価値のある道です。なお、第5章（事例）から読み進め、すぐに実践を行なう先生方や相談担当者の人には、付録（ワークシート）を用いて、整理しながら面接や相談活動を行なうことが推奨されます。なお、ワークシートの活用例は、第5章（事例）の中に出てきます。ぜひ、この活用例をマネをしていただけたらと思います。

「コラム」について

　本書には、必要に応じて「コラム」を挿入してあります。そのタイトルを見ていただければわかりますが、どれもとても大切なものです。また、保護者面接に限定されない面接・相談のコツが説明されています。これらは、保護者面接の3つの技術には直接該当していないため、第1〜4章には含めませんでした。第5章（事例）も含めて、本書は保護者相談を成功裡に進めてほしいという願いの元に記してあります。しかし、私たちは失敗や迷いから学ぶことも少なくありません。「コラム」には、相談担当者の「生の声」が反映されています。これらにも、ぜひ目を通していただければと思います。

目　　次

第5章　事例別　保護者相談の極意

付　録　ワークシートを活用してみよう

第1章

保護者相談の３つの技術

「保護者相談」とは、「対人援助に関わる人たちが保護者とつながり、さまざまな観点から子どもについて語り合うことで、よりよい方向に向かえるようにアイデアを出し合う」ことです。子ども自身が困っていることに対応していくために、学校で子どもと関わる人のみが手助けをしていくことには限界があります。どのような事情があっても子どもとの関係が近く、過ごす時間が長いのは保護者です。このことから、子どもの成長や家庭での過ごしやすさを見通しながら、保護者の悩みに寄り添って信頼関係を築いていくことが大切です。

　本書では、保護者相談を３つの技術に分けて説明します。
　①保護者とつながる技術
　②話を引き出して整理する技術
　③必要に応じて誰かとつなげる技術

　保護者相談は、《保護者とつながる》→《保護者の話を引き出して整理する》→《必要に応じて誰かとつなげる》という３つの流れに沿って丁寧に進めていくことが重要です。保護者に他機関を紹介することが目的の保護者相談となる場合でも、保護者とつながる技術を用いなければ、相談はうまく進みません。また、話を引き出して整理するプロセスを経なければ、保護者が意思決定することはできません。他の専門機関につながるメリットをきちんと共有しなければ、「せっかく相談に行ったのに、たらい回しにされた」と感じてしまうかもしれません。

　保護者相談の３つの技術は、たとえ短期間の相談であっても、あるいはたった一度きりの相談であっても、軽んじてはいけない重要な意味が込められています。

❖ どのような相談でも使える3つの技術

・一度きりの相談（45分間）

5分	保護者とつながる
30分	保護者の話を引き出して整理する
10分	必要に応じて誰かにつなげる 相談を締めくくる

・複数回にまたがる相談（45分間）

初回～数回目

5分	保護者とつながる
35分	保護者の話を引き出して整理する
5分	次回の約束をする

最終回

5分	保護者とつながる
10分	保護者の話を引き出して整理する
30分	必要に応じて誰かにつなげる 相談を締めくくる

※それぞれの時間は目安です。

1　保護者とつながる

　相談に入る前に、必ずやらなければならない大切なことがあります。それは、子どもの問題を解決していくために保護者と相談者（本書では先生）が一丸となる、そのつながりを築くことです。

　みなさんは、「保護者相談」にどのようなイメージをもっているでしょうか？　「とにかく相手の話をじっくり聴くのが相談だ！」という方から、「こちらが思っていることを少しでも伝え、ガイドしたい」と考える方までさまざまでしょう。保護者も同じように、さまざまな想いをもっています。保護者がはじめて相談に来るときに、どのような気持ちを抱くでしょうか？　緊張や不安、悲しみ、苛立ち、怒りなど……さまざまな感情が渦巻いているかもしれません。保護者と初めて会うときには、緊張を解きほぐしたり、警戒心をゆるめたりする必要があります。

　学校では、ともすると最初の連絡が事故や問題行動の報告など、ネガティブになることが少なくありません。しかし、いつもそれだけというのはあまり望ましくありません。とりわけ相談の場では、子どもが現在取り組んでいること、頑張っていること、細かな成長といった肯定的な話をすることから関わりを始める方が望ましい場合が多いのです。

❖保護者にも先生にもそれぞれの想いがあります

・相談のはじめにかけたいひとこと

「今日はおいでいただき、ありがとうございます」

「お時間を作ってきただき、ありがとうございます」

「朝早くから申し訳ありません」

「遅い時間からの相談で申し訳ありません」

「お忙しい中すみません」

「突然お呼びして申し訳ありません」

　保護者の緊張を和らげたり場の雰囲気をなごませたりするひとことをかけられるとよいでしょう。

2 保護者の話を引き出して整理する

　保護者と先生の「つながり」ができたところで、本格的な相談が始まります。本書では、相談を「対人援助に関わる人たちが保護者とつながり、いろいろな観点から子どもについて語り合うことで、よりよい方向に向かえるようにアイデアを出し合う」こととしました。

　「いろいろな観点から子どもについて語り合う」ために必要なことは、お互いがもっている情報を「引き出す」ことです。家庭での様子と学校での様子、これまでの様子と今の様子、少ない人数の中での様子と集団の中での様子、などさまざまな場面での様子（情報）を、まずは保護者に話してもらわなければなりません。その意味で、先生だけが一方的に話す場の持ち方はあまり望ましくありません。得られる情報が限られてしまうからです。

　また、「よりよい方向に向かえるようにアイデアを出し合う」ためには、得られた情報を「整理する」必要があります。これまで話されたことの中から共通点を見つけたり、意外な面を発見したりすることで、問題解決のためのアイデアが生み出されるのです。

　先生がひとりで考えたアイデアは、保護者の実感とズレてしまったり、保護者の納得が得られなかったり、場合によっては保護者や子どもの負担となってしまうことがあります。しかし、相談の中で引き出し、整理した上で出てきたアイデアは、保護者と先生の両者が、「大変だけどやってみよう」「もしかしたらうまくいくかもしれない」と感じることができます。

❖ 状況を整理するためにはいろいろな観点が必要です

小さい頃の様子	・小学校入学前から、目を離すとすぐに遠くまで走っていってしまうので、外出がとても大変だった ・幼稚園では園庭やホールを走り回っていた
最近の様子	・今でも、何か気になったものがあると自分で確認しなければ気が済まず、予定通り進まないことがある ・静かにしなければいけない場所でも喋ってしまうことに困っている

家での様子	・学校であったことやお友達のことをよく喋っている ・「宿題をやりなさい」と何度言ってもゲームがやめられないので、毎日喧嘩になってしまう
学校での様子	・授業中に、そのときに思ったことを大きな声で喋ってしまうので、先生や友達から注意されてしまうことが多い ・隣の席の友達に話しかけていて、大事な話を聞き逃してしまうことがある

個別での様子	・何かトラブルがあったときに先生と一対一で話をすると、どうすればよかったかを振り返ることができる
集団での様子	・友達と一緒にペア学習をしたり班で話し合ったりすることは楽しくできているが、テンションがあがりすぎてしまうことがある

3　必要に応じて誰かと
　　つなげる

　相談が進むにつれて、問題の深刻さや緊急性が明らかになったり、これまではあまり気にならなかったことが「問題」として浮き彫りになったりすることがあります。保護者相談では、子どもや保護者の状況や状態によって、保護者を専門家や専門的な場所につなげていくことも必要になります。専門家や専門的な場所を利用することで、「問題」に向き合おうとする構えを獲得できたり、問題解決の方策を理解できたり、孤立することなく順を追って解決への道を歩むことができるのです。そのため、多方面からの手助けを上手に活用していくことが有効です。

　保護者とつながり、相談の中で情報を引き出して整理した後であれば、他の専門家や機関を勧められても、保護者と先生の「つながり」自体が切れてしまうことはあまりありません。しかし、強く勧めすぎてしまったり急ぎすぎてしまったりすると、「つながり」が揺らいでしまいます。保護者がどのように受け止め、どのように考えているかを丁寧に確認していくことが大切です。

　保護者相談では、どのような状況であれ、保護者が行き詰ることを防いでいきたいと考えています。そのために、いろいろな人や場所に相談できること、支援が広がっていくことが大切です。子ども、保護者、先生、支援に携わる全ての人が無理なく過ごすために、保護者相談の機会を活用していきましょう。

❖役割分担をすることで、できることが増えます

他機関でできること
特別にできること

家でできること
毎日・土日にできること

学校でできること
毎日できること

今、関わっている人・機関

・家庭（宿題は母が見ることが多い）
・学校（担任・少人数指導の教員）

これまで、関わっていた人・機関

・去年の担任の先生と相談して、宿題の量を減らしていた

これから、関わってほしい人・機関

・学校のスクールカウンセラーに相談してみる

コラム1

たまには自分も労おう

　相談を適切に進めていく上で大事なことのひとつに「セルフケア」があります。セルフケアは、「自分自身の心の健康を自分でケアすること」です。保護者相談はいろいろなことに心を配りながら進めていく必要があるため、終わった後に疲労感や「なんとなくうまくいかなかった」という不全感を抱きやすいものです。疲労感や不全感が積み重なると、心の余裕がなくなり、相手の話をじっくりと聞けなくなったり、冷静に対応できなくなったりすることがありますよね。これらの気持ちを解消できずにいると、家に帰ってからも相談のことで頭がいっぱいになってしまうかもしれません。

　無理なく相談を続けていくためには、気持ちのオンオフ（切り替え）が必要です。「これをやると気分転換になる！」という活動のリストを作っておくなど、気持ちが落ち込んだときの対処法をあらかじめ考えておくとよいでしょう。同僚とお勧めのセルフケアについて情報交換をして、お互いを労いましょう。

　日々の教育活動、事務作業、会議、研修など、先生方は多くの仕事を抱えていることでしょう。忙しいときほど、セルフケアを後回しにしてしまいがちですが、相談に来た保護者を大事にできるように、自分自身のことも大事にできたらいいですね。仕事帰りにちょっと寄り道をしたり、休日に身体を動かす機会を設けたり、家事が終わった後に自分の時間を作ったり……。カレンダーを眺めて旅行の計画を立てるなど、今すぐにできなくても楽しい気持ちになることもお勧めです。

第2章

保護者とつながるには？

保護者相談は、保護者と先生がつながることから始まります。どうすれば、緊張や不安、悲しみ、苛立ちや怒りなどの気持ちを抱えた保護者とつながりを作ることができるのでしょうか。

　ここでは、「保護者相談」と「プライベートな相談」がどう違うかを整理することで、保護者相談に必要なことは何かを考えていきたいと思います。例えば、友達同士のプライベートな相談では、「長電話して話を聞いてもらった」「一晩中話し込んでしまった」ということがたびたび起こります。相手の話を聞きながらその経験を共有することが、お互いにとって大切な時間となるものです。あるいは、「ちょっと話しただけですぐに自分の気持ちをわかってくれた」「弱音を吐いたら、『なに弱気になっているの』と怒ってくれた」といったことも起こります。すでに相手との関係性ができているからこそ成り立つアドバイスがあるかもしれません。

　しかし、保護者相談は、新たに「つながり」を作るところからはじめなければなりません。保護者相談を進めるには、保護者相談のコツを踏まえる必要があります。

　相手との距離感・枠組み・態度・目的の観点から、保護者相談を考えてみましょう。

❖ プライベートな相談と保護者相談の違い

✕ 長時間かけて話をする

✕ 相手の話を聞かずに自分のことを話す

✕ 叱咤激励など厳しいアドバイスをする

1 距離感は近すぎず 離れすぎず

　保護者相談では、ほどよい距離感を保つことが必要です。保護者と先生の距離、自分や相手の感情との距離、困った状況を捉える際の距離など、「近すぎず離れすぎず」を心がけましょう。

　保護者と先生の物理的な距離は、近すぎると圧迫感を、遠すぎるとよそよそしい印象を与えてしまいます。相談が始まったばかりの頃は、先生から急に距離を詰めてしまうことがないように注意しましょう。最適な距離には個人差があることを心得ておく必要があります。そのような距離は「パーソナルスペース」と呼ばれることがあります。この「パーソナルスペース」への“侵入的”な関わり方は、保護者に脅威を与え、嫌悪感を引き起こしてしまいます。その結果、せっかく築いた信頼・共有の関係は壊れてしまうことがあります。

　相談の中では、事態が好転することもあれば、うまくいかないこともたびたび起こります。先生は常に、どちらの可能性も予測した上で相談を進めて行くことが必要です。喜びすぎず、悲しみすぎず、ニュートラル（中立・中性的）な状態を心がけましょう。ポジティブな感情からも、ネガティブな感情からもほどよく距離を取ることで、次の一手が見えてくることがあります。また、そのように構えると、保護者の相談を受けている自分自身を「俯瞰」して捉える（モニタリングする）ことができます。さらに、保護者相談では、相談の中で、「困ったこと」「解決したいこと」がたくさん出てきます。ただ、問題に注目しすぎると、誰かひとりに負担がかかりすぎる解決策になってしまったり、理想ではあるけれど現実的には実行することが難しい提案を一度にたくさん行なうことになってしまったりします。問題を取り巻くさまざまな要因・状況を「俯瞰」する冷静さが必要です。

❖ ポジティブからもネガティブからもほどよく
　距離を取りましょう

・ポジティブなものに注目しすぎると、ネガティブなものは見えなく
　なってしまいます

・しかし、ネガティブなものに注目しすぎると、ポジティブなものも
　見えなくなってしまいます

・ポジティブからもネガティブからもほどよく距離を取ることで、見
　えてくるものがあるでしょう

2　時間や場所の大切さ

　保護者相談では、「枠組み」をとても大切にしています。枠組みとは、相談に先立って共有しておくルールのようなものです。この枠組みがあることで、先生も保護者も安心して相談の場に臨むことができます。

　保護者相談を行なう際は、相談内容がどこかに聞こえてしまうことがないように、個人の秘密が守られ、できるだけ静音が保たれる部屋を選びましょう。室温が快適か、部屋の大きさは適切か、お互いから見える位置に時計が置かれているかなど、双方にとって居心地の良い空間になるよう配慮したいところです。また、保護者相談は、原則として、相談を行なう部屋の中だけで完結させましょう。メールや電話などで直接顔を合わせずに相談をすることや、長時間の立ち話は、相談の枠組みが作りづらいため、思わぬ誤解やトラブルにつながってしまうこともあります。

　相談のはじめに必ず確認しておく必要があるのが、「時間」です。保護者相談では、「相談の時間を長くとること＝親身になって相談内容を聴くこと」とは捉えません。集中力を切らすことなく話を聴くことができ、体力的な消耗が多すぎないことが大切です。また、いたずらに時間を長くすると冗長な話題が繰り返し行なわれることになり、逆にあまりに時間が短い場合にはいつも不完全な相談の閉じ方になってしまいます。よって１回の相談は授業１時間分、だいたい45〜50分くらいが目安でしょう。安心して相談できる枠組みを維持するという意味で、相談時間の延長も避けましょう。話の途中で心苦しいけれども、終了時刻になってしまったことを正直に伝え、次回に必ず続きを聴くという対応がよいでしょう。

❖ 相談がはじまる前に環境を整えましょう

✓	チェックしてみよう
	静音は保たれていますか
	室温は快適ですか
	周りに不必要なものがたくさん置かれていませんか
	お互いから見える位置に時計が置かれていますか
	人の出入りがなくプライバシーが保たれていますか
	必要な資料やメモ用紙は手元にありますか
	相手に失礼のないよう身だしなみを整えていますか

・時間の枠組みの提案の例

〈相談のはじめに〉
　「今日の相談は、○分間となります。場合によっては、1回で全部のお話を伺えないこともあるかもしれませんが、そのときは次回に続きを伺いたいと思います」

〈終了時間が迫ってきたときに〉
　「今日は、いろいろとお話を伺わせていただきありがとうございました。今日のお話の続きを伺えたらと思うので、次回の日程を決めてもよろしいですか」

〈終了間際に大事な話が出たときに〉
　「今のお話はとても大事なことだと思うのですが、時間になってしまいました。次回、今のお話の続きから伺わせていただきたいと思います」

3　労^{ねぎら}うことを忘れずに

　相手に敬意を払うこと（＝リスペクト）は、保護者相談に限らず、他者と良好な関係を築くために大切なポイントです。労いは思っているだけでは相手に伝わりません。保護者相談の中では、労いをきちんと「言葉」にして伝える必要があります。

✽「今」への労い

　保護者はどのようにやりくりして時間を作り、相談の場に来ているのでしょうか？　仕事の休みをとって？　家事を早めに終わらせて？子どもを誰かに預けて？　まず、日々の多忙な生活の中で、時間をやりくりして相談に来ていただいたこと自体を労う必要があります。

✽「これまで」への労い

　保護者はこれまでの子育ての中で、どのような苦労や葛藤があったのでしょうか。これまでの出来事を聴くこと自体が労いになります。しかし、これまでのことを根掘り葉掘り訊^きかれたくない保護者もいるかもしれません。基本的には、相手から語られたことをじっくり聴く姿勢が重要です。もう少し詳しく知りたいことは、「○○について、わからないところを質問してもいいですか？」「大事なことだと思いますので、もう少しお話を伺えますか」などと声をかけ、相手から教えてもらうというスタンスで話を聴きましょう。

✽「これから」への労い

　子どもが大きくなるまで、ずっと見守っていくのは保護者です。「何とかなりそう」「明日からもう少し頑張ってみよう」と思えるように声をかけるようにしましょう。そして、保護者が「困ったときには相談すればいいんだ」「誰かに相談するっていいものだな」と感じることで、これからの相談にスムーズにつなげることができます。

❖保護者相談の「聴く」とは？

✕ 何もリアクションせずに聞く

○ 頷きを返す

○ 理解したことを伝え返す

○ 詳しく質問する

4　目的を確認・共有する

　保護者相談を進めていく上で、毎回の目的を確認して共有しておくことは、とても大切です。今回の相談が１回で終わるものなのか、何回か続けて行なうものなのか。お互いがもっている情報を交換することが目的であるのか、それとも具体的な問題を解決するためのアイデアを出し合うものなのか。保護者と先生が同じ方向を向いて相談に臨むためにも、相談の冒頭では必ず今回の相談の目的やゴールを確認しておきましょう。この相談の目的やゴールは、相談にやってくる保護者の「主訴」ということと関連します。そして、定期的かつ継続的な相談となる場合に、相談に訪れる動機にも関連します。

　相談を進めていく上で、保護者と先生の「優先順位」が異なるために相談が前に進みにくくなることがあります。例えば、先生としては「子どもが学校で困っている問題をすぐにでも解決するため保護者の協力を求めたい」と思っていて、保護者としては「先生たちがどんな人かまだわからなくて不安」「まずは顔を合わせて話してみて、それから考えたい」と思っているかもしれません。このような場合、保護者の不安や望みにしっかり耳を傾け、それらの不安や望みに向き合おうとしなければ、相談は円滑に進みません。

　ペースは人それぞれであり、必ずしもこちらが望んだ通りに進むとは限りません。しかし、お互いがひとつの目的に向かって協力していく「つながり」ができると、ひとりでは解決が難しい問題に取り組めるようになります。

　保護者相談には、正解はありません。「この形でないといけない」「こうあるべきだ」という型があるわけでもありません。お互いが気持ちよく取り組めるように、目的やペースを設定していきましょう。

❖相談のコースやゴールはひとつとは限りません

・最短距離のよさ

・回り道のよさ

・さまざまなゴール

> ・顔合わせをする　　　　・お互いのことを知る
>
> ・今の状況を整理する　　・お互いの情報を共有する
>
> ・ひとまずの目標を確認する　・今困っていることを解決する
>
> ・これからどう対応していくかを考える

自分の「持ち味」を活かした相談をしよう

　保護者相談では、先生の醸し出す雰囲気や口調、声質などから受ける印象がその人の「持ち味」となることがあります。「相談」と身構えてその場に臨みすぎると、先生だけでなく、保護者も緊張してしまうかもしれません。先生方の授業にそれぞれ個性があるように、保護者相談にも個性があってよいと考えます。やさしく包み込むような語り口の先生、アイデアが豊富でいろいろと提案してくれる先生、いろいろと一生懸命調べてくれる先生……、それぞれに良さがありますね。まずは、先生自身の「持ち味」が何であるか知ることが必要です。自分自身が相手にどんな印象を与えるのかを振り返ったり、周りの人に聞いてみたりするとよいでしょう。

　「持ち味」を知っておくことで、相談内容、相手、場の雰囲気に合わせて適切に使い分けることができるようになります。例えば、元気でよく声が通る先生が、緊張している保護者と接するときには、少し声のトーンを落としてゆっくり話すと、安心感を与えられるでしょう。穏やかで落ち着いた口調の先生が、保護者に何か提案をする際には、メリットやデメリットをはっきりと示せると、保護者が選択しやすくなるかもしれません。

　学校にいる保護者相談が上手な先生のやり方を見たり聞いたりすることで、学べることは豊富にあるでしょう。また、本書にも参考にできるところがあるはずです。自分のもつ雰囲気や声質、表情などを「強み」として使い分けながら、先生自身が無理のないやり方を探していきましょう。

第3章

保護者の話を引き出して整理するには？

保護者と先生のつながりができたところで、いよいよ「いろいろな観点から子どもについて語り合うことで、よりよい方向に向かえるようにアイデアを出し合う」相談がはじまります。

　保護者相談では、まず情報を集めることが大切です。なぜなら、先生が「知らない」ことが多いからです。そのためには、「わからないことを聞く」「より詳しく話してもらう」といった姿勢で、保護者の話を引き出す必要があります。悩みによって、集めるべき情報は異なります。本書の相談事例（第5章）や、それぞれのテーマを詳細に扱っている書籍を参考にしてください。ひとつ注意したいことは、必要な情報は集めるけれど、必要でない情報は収集しない、ということです。保護者相談で提供される情報は、どれも「個人情報」なので、その収集と取り扱いには慎重さと厳重な管理が必要となります。

　相談活動の中で共通する大切な視点もあります。それは、「『どうしてだろう？』と考えてみる」「変えられないものにこだわらない」「できていることの中からヒントを探す」といった考え方です。これらの考え方をもつことで、これまで思いつかなかったアイデアが出てきて、子どもにとっても保護者にとっても先生にとっても無理のない目標が見つかる可能性があります。

　相談を通して、悩みを「解決しよう」「なくそう」とすると難しいこともあるかもしれません。悩みがきれいさっぱりなくならなくてもよいのです。状況を整理することで、子どもや保護者が動きやすくなるかもしれません。これまで気づかずにやっていた取り組みを意識するだけで、これまでにない変化がもたらされるかもしれません。少しずつ、よりよい方向に向かっていけるよう、相談の場を活用していきましょう。

❖相談における「よりよい方向」

よりよい方向の例
問題が解決する
別の課題が見つかる
新しいアイデアが浮かぶ
短期的な目標を共有する
それぞれの役割を分担する
しばらくやってみることが見つかる
次につなげる機関が見つかる

　相談の着地点は、いつでも先生が提示しなければいけないわけではありません。時には、保護者からの提案や気づきもあるかもしれません。

「例えば、次回までに〜をしてみるのはどうですか？」

「もう少し〇〇について様子を見ていくことにしましょう」

「今回新たに出てきた悩みについては、こちらでも持ち帰って検討させてください」

など、着地点をお互い確認して、毎回の相談を締めくくることができるとよいでしょう。

1 「どうしてだろう？」 と考えてみる

　保護者の相談を聞きながら、先生はどのようなことに思いをめぐらせればよいのでしょうか。本書で取り上げた「保護者とつながる」ためのさまざまな観点に加え、相談の中では「どうしてだろう？」と考え、「もしかしたらこうかもしれない」という可能性を探ることが重要です。

　保護者相談では、「忘れ物が多い」「学校に行きたくないと言う」「友達とのトラブルが多い」など、気になる行動に関する相談事がもちかけられます。これらの相談事を捉える出発点は、「なんでだろう？」「どうしてだろう？」と行動の理由や背景を想像することです。

　なぜなら、目に見える行動には、目に見えない背景や理由が隠れていることがあるからです。そのため、今の目の前の子どもの状態だけで「こうに違いない！」と決めるには情報が少なすぎます。また、先生が知っている子どもの様子だけで判断することも避けなければなりません。保護者相談では、これらの背景や理由を探るために情報を集めることが必要になるのです。

　相談の中で浮かび上がってくる「もしかしたらこうかもしれない」ということでさえも、可能性のひとつにすぎません。相談を進めていく中で、この可能性が二転三転することも珍しくありません。あくまで、背景や理由を「かもしれない」と捉えながら、情報を集めたり様子を観察したりすることで、数ある仮説の中から「どうやら○○のようだ」と可能性を絞っていけるとよいでしょう。

❖ 目に見える行動には、目に見えないものが
   隠れています

目に見える行動の例
・落ち着きがない
・ルールを守らない
・人の邪魔をする

ドキドキ　　　イライラ

わからない

疲れちゃう　　やっても無駄

どうしたらいいの？

　子どもの行動を、その背景や理由から理解するための氷山のイメージです。先生や保護者の目には、水面から上の部分にある子どもの行動だけが見えています。激しい反発や攻撃など行動そのものへの対応に苦慮しているときには、水面下に隠された部分にはなかなか気づきにくいものです。情報を整理し、今見えている行動の背景には何があるのか、保護者とともに想像をめぐらせましょう。

2 変えられないものに こだわらない

　保護者相談を進めていく中で、なかなか「変えられないもの」に出会うことがあります。例えば、「仕事が忙しくて、なかなか子どもと向き合う時間を作ることができない」「家に帰ってきてから宿題をきちんと見てあげたいけれど、下のきょうだいの面倒を見なければならないので難しい」「学校の先生から『放課後に面談をしましょう』と連絡をもらっているけれど、両親の介護があるので余裕がない」といった家庭の事情や、「家に帰ってきたらすぐに宿題をやりなさいと毎日声をかけているけれど、疲れてそのまま寝てしまう」「毎朝、決まった順番で身支度を整えないと納得できない」といった子ども側の事情で状況が変えられないなどが挙げられます。

　「子どもと向き合う時間を増やすために、仕事を変えたり勤務時間を調整したりできないだろうか」「必ず宿題の丸つけだけはやってもらいたい」「大切な相談のために、できるだけ早く時間をとってもらいたい」など、先生の「もっと〇〇してもらえたらな」「変えてほしいな」と思う気持ちが強くなりすぎると、保護者が置かれている状況と相談での提案や目標に相違ができてしまい、相談がうまく進まなくなってしまうことがあります。それぞれの事情で変えられないもの、変えたほうがいいと思っていてもすぐには変えられないもの、変えることに大きな抵抗感があるものなど、できるだけ保護者の気持ちや事情を把握するように努めましょう。

　保護者相談を通して、変えられないものにこだわらず、変えやすいところ・動きやすいところ・すぐに取り組めそうなところに目をむけて、ひとつずつ進めていきましょう。

❖ このような考え方は変化につながりにくいので注意

「～のせい」「～が悪い」

　問題が複雑になればなるほど、その原因や要因となっている事柄を責める気持ちが出てきやすくなります。しかし、相談の場で悪者探しをしてもあまり意味がありません。誰かひとりが変われば状況がよくなるように見えても、実際はさまざまな要因が絡み合っていることが多いものです

「普通は～だから」「一般的には～だから」

　一般論ではうまくいかずに相談に来ていることが多いため、このような考え方は堂々巡りに陥ってしまいます。また、「普通」「一般的」という感覚が誰にとっても同様であるのか、自身の経験や価値観に偏ったものでないかどうか、常に確認しながら相談の場に臨めるとよいでしょう

「もう〇歳になるのだから」
「社会に出たらもっと厳しいから」

　将来の自立を見据えて相談を進めていくことはとても大切なことです。しかし、相談の場では、今できそうなことはなんであるのかを常に意識する必要があります。ちょっと頑張ればできそうなことから始めて、少しずつステップアップしていけばよいのです。子どもの「自分にもできそうだ」「チャレンジしてみよう」という気持ちを育てていきたいですね

3 できていることの中からヒントを探す

　保護者相談では、どうしても「難しいこと」「できないこと」「悩んでいること」について話を聞かなければならないことが多く、重苦しい雰囲気になってしまったり、解決の糸口が見つからなくなってしまったりすることがあります。このような雰囲気で相談が展開していくと、保護者からも「あれもこれもできない」「やっぱりだめなのかも」と否定的な見方や考え方が多く語られるなど、保護者にとっても先生にとっても相談の場がつらいものになってしまいます。

　「難しいこと」「できないこと」「悩んでいること」については、たくさんの情報が出てくるでしょう。加えて、「得意なこと」「できていること」「楽しく取り組めていること」もあるはずです。どちらかに偏ることなく、必要な情報をまんべんなく集めていきましょう。もちろん、解決に必要のない情報を集める必要はありません。

　子どもが好きなものの中には、「自分から積極的に取りかかるためのヒント」や「長く続けていくためのヒント」があるかもしれません。また、うまくできている場面には、「子どもが頑張るための仕掛け」や「負担なく取り組むために必要なサポート」が隠されている（＝さりげなく実現している）かもしれません。

　相談の中で「できないこと」に目を向けるだけでなく、「できていること」にもたくさん気がつけるように、話題を展開していきたいものです。

❖子どもの好きや得意を把握しましょう

好き・得意・大丈夫	嫌い・苦手・だめ
・虫を探すこと ・本を読むこと ・走り回って遊ぶこと ・先生と話すこと ・歌ったり踊ったりすること	・ざわざわした雰囲気 ・勝ち負けがある遊び ・雨や泥で汚れること ・急に予定が変わること ・食べたことがないものを避けること

今できていることを整理してみよう

まずは、できていることから確認してみましょう

家では、宿題をやらなくて困っています

相談で聞きたいこと

「学校では毎日提出してくれていますが、どうやって終わらせているのですか？」
「ひとりでは難しくても、おうちの人が声をかけたらできますか？」
「自分から取り組める科目もありますか？」
「宿題の内容や量で、取り組みに違いはありますか？」

コラム3

相談中の「どうしよう」&「やってしまった」

　本書の執筆にあたり、先生方から「相談の失敗談」を載せてほしいという声をいただきました。相談の「失敗」と言うと何を失敗と捉えるのかは人それぞれですが……、「どうしよう」と焦ったり「やってしまった」と後悔したりした経験は一度や二度ではありません。

　相談中に保護者の表情が曇ってしまうことや、こちらの提案に納得していない様子のときには、その場では平静を装いながらも、内心焦りや動揺、不安を強く感じます。このようなときに、その場を取り繕おうと躍起になればなるほどうまくいかないものです。

　保護者相談では、相手の意図がわからないときには「先ほどおっしゃった〇〇について、もう少し伺ってもいいですか？」と追加の質問をしたり、即答できない質問には「きちんと調べてからお伝えしたいので、少しお時間をいただけますか」とお願いしたり、相手の気持ちを確認するために「ちょっと違うなと思ったらいつでも言ってくださいね」と伝えるなど、誠実な対応に勝るものはないと考えます。このような問いかけをすることは、ちょっと勇気がいることかもしれません。しかし、こうした対応から、保護者と先生の信頼関係が築かれていくのかもしれません。

　相談はそもそも時間がかかるものです。一度うまくいかなかっただけで、相談全部に「失敗してしまった」わけではありません。そのときの気持ちを忘れずに、次回の相談につなげられるとよいですね。

第4章

必要に応じて誰かと
つなげるには？

保護者とつながり、相談の中で情報を引き出して整理した後、保護者が他の専門家や機関に「相談する」必要性を十分に感じることがなければ、別の相談機関につながることはありません。保護者が納得しないまま他機関につなげようとしても、「相談に行けと言われたからきました」「特に話したいこともありません」と相談の目的がはっきりしないために、継続的に相談することは難しくなってしまいます。

　保護者や子どもを他の相談機関や医療機関につなげる場合、「〜に行ってください」と伝えるだけではなく、「保護者にとっての必要性を大事に」「現状の共有からそれでも困っていることへ」「決断を急がない」「選択肢を提案しよう」「十分な情報提供をしよう」「丁寧にフォローしよう」といった視点を大切にしながら、丁寧に相談を進めていく必要があります。

　保護者相談では、他機関に勧める（リファーする）場合は、勧める先生にも「責任」があります。保護者が一度「相談に行ったけど何も解決しなかった」など保護者相談に対してよくない印象を抱いてしまうと、その後の相談につながりにくくなってしまいます、保護者を誰かにつなげる際は、「たらい回しにされてしまった」「見捨てられてしまった」「無理に勧められた」といった経験にならないよう、保護者の気持ちを汲みながら、慎重に進めていきましょう。

❖ つなげる相談で大事なことをチェック

✓	チェックしてみよう
	紹介したい機関の情報を集める
	保護者に伝えたいことを整理し、必要な資料を用意する
	対応する人と人数、相談をする部屋の環境を配慮する
	保護者が相談の場に来てくれたことを労う声かけをする
	最近の様子として、まず子どもが頑張っていることを伝える
	子どもが何に困っているかを具体的に伝える
	保護者の話から家庭での様子を想像しながら、詳しく聞く
	以前に同じことがあったか、どのように対応したかを聞く
	その事柄についての、保護者の捉え方を聞く
	現在、行なっている対応でうまくいっているものがあれば共有する
	つなげる先の情報を具体的に提供する（強制はしない）
	保護者が悩んでいる場合、即答を求めず家庭で検討するよう提案する
	次回の相談日程を決める
	次回までに学校がすることを伝える

1 保護者にとっての必要性を大事に

　保護者は他機関への相談の必要性をどの程度感じているでしょうか？ 「今すぐに行きたい」「予約が取れたら行きたい」「調べてみてから考えたい」「相談には行きたいけれど、今すぐには難しい」「いずれは利用したい」「必要性は感じていない」など、いろいろな気持ちがあるかもしれません。保護者が十分に必要性を感じる、あるいは必要かどうかを考えるようになるために、丁寧に関わっていくことが必要となります。

　先生の思いだけが先走ってはいけません。保護者の負担を減らそう、子どもにとって有益なものになるだろうと思って働きかけるだけではうまくいかないこともあります。保護者の個人的な事情もあるからです。他機関につながることでどのように今後の相談が進んでいくのか、どのように解決に向かっていくのか、そのイメージを保護者と共有できていることが重要です。

　保護者とつながり、情報を引き出して整理していく中で、他に相談する必要がないと判断する保護者もいるかもしれません。その判断も大切に受け止めることが重要です。「また相談したいと思ったときにいつでもご連絡ください」「他機関の紹介が必要だなと感じたら、またご連絡ください」と伝えておくことで、保護者の要望に合わせて動ける体制を整えておけるとよいでしょう。

❖ 必要性を感じているかどうか確認してみましょう

・相談歴の確認

「これまで、今お困りのことを誰かに相談されたことはありますか？」
「これまで、別の相談機関に行かれたことはありますか？」
（相談歴がある場合）「相談してみていかがでしたか？」

・他機関を知っているかどうかの確認

「(他機関) というところをご存知ですか？」
「これまで、他の相談機関や医療機関について調べたことはありますか？」

・他機関の利用を検討したことがあるかどうかの確認

「どなたかから、相談に行った方がいいかもしれないよと勧められたことはありますか？」
「これまで、医療機関の受診を検討されたことはありますか？」
「別の相談機関にも行ってみたほうがいいかなと悩まれたことはありますか？」

・「相談」を利用してみたいかどうかの確認

「〇〇について専門的に相談ができる機関があったら、利用してみたいと思われますか？」
「こういったところがあったら、何度か相談に行ってみたいなと思われますか？」

2 困っていることに直面する手順

　保護者相談では、「今楽しめていること」「できるようになったこと」「頑張っていること」など、子どもが頑張っていることから伝え、保護者と現在の状況を共有することが大切です。相談の中核である「困っていること」や「心配していること」から話を進めると、保護者の中で不安や拒否感が強くなりなりすぎてしまう可能性があるからです。その意味で、直面する手順があるのです。

　頑張りを伝えた上で、今どのような場面で課題が生じているのか、周りがどのように対応しているのかを伝えることで、保護者も落ち着いた気持ちで、客観的に状況を眺めることができるようになります。

　現状の共有が済んだら、それらを踏まえ、保護者として気になるところがないかどうかを尋ねてみましょう。保護者も「本人は成長・変化している」「周りもいろいろと本人に働きかけている」「それでも本人に課題が生じている」ことを受け止めることにより、「今のサポートだけでは十分ではないかもしれない」「どこかに相談に行った方が本人のためになるかもしれない」などの気持ちが生じてくるかもしれません。このことは、保護者と同じ方向を向いて相談を進めるためには必須となります。

❖ まずは頑張りから伝えましょう

楽しんでいること
・１学期にあった校外学習では、仲のよい班のメンバーと協力してとても楽しそうに過ごしていた

できるようになったこと
・クラスの係活動では、担任から声をかけなくてもサッと動いてくれることが増えてとても助かっている

頑張っていること
・苦手な数学の勉強も本人なりにコツコツ頑張っていて、中間テストの点数が以前よりもあがった

それでも困っている・心配していること
・１ヵ月くらい前から、学校を遅刻することが増えている ・学校でも疲れた表情をしていることがある

周りが対応していること
・学年の先生もとても心配していて、いろいろな先生からさりげなく声をかけてもらっている

保護者として気になっていることを聴き取る
・最近、朝起こしてもなかなか起きてこない ・夕飯を食べないで寝てしまうことがある

3　決断を急いで迫らない

　保護者が必要性を感じることで、「専門機関の紹介」が視野に入ってきます。しかし、相談や支援の必要性を感じた人がみな、「すぐにでも相談できる場所を紹介してください！」「さっそく相談に行きたいと思います！」と行動に移せるわけではありません。保護者が状況を理解してからも、悩み、考え、時間をかけて、ようやく実際の行動に移ることができます。保護者相談では、保護者が抱く葛藤や抵抗の存在をきちんと理解しなければなりません。

　そのため、保護者との相談は、何度か繰り返したり、ある程度期間を置いたりすることも必要となるでしょう。悩み考える期間を経て、保護者が「前に紹介してもらった相談機関に行ってみようと思っているのですが」「自分でもいくつか病院を調べてみたけれど、どこに行ったらよいのかわからない」といった段階までくると、専門機関や専門家との相談の必要性が高まっていると言え、「（誰かに）つなげる」手続きに移ることができます。

　時間が必要なときもあります。機が熟すのに一定の時間を必要とすることもあります。問題が起き続けていると焦ることもありますが、決して決断を急がせないようにしましょう。

❖ 相談の中で気をつけたいひとこと

「〜障害かもしれないので」「〜障害ではないとは思うけど」
「みんなとは違う」「みんなと同じようにできないので」

→言葉のインパクトが強すぎると、保護者がうまく受け取れない
　ことがあります。また、保護者がショックを受けていると、よ
　り否定的に受け取りやすいかもしれません。
　ストレートに伝えることで現状をわかってもらおうとしても、
　かえってストレスや負担感を高めてしまい、結果として問題や
　課題を複雑にしたり、深刻にしたりしてしまう場合もあります。
　「障害」かどうかの診断は、保護者相談での場ではできないの
　で、そういった意味でも注意したいひとことです。

「○○くんみたいなタイプは」
「前にも同じような子を担当したことがあって」

→個人ではなく、大勢の中のひとり、これまで担当した子の中の
　ひとりとして見られているという印象を与えてしまうかもしれ
　ません。また、この言葉を早い段階で使ってしまうと、決めつ
　けていると感じてしまうこともあるため、まずは子どもの様子
　をじっくり観察する姿勢が重要です。

「私はちょっと専門的なことはわからないので」
「どうしたらよいかわからないので」

→場合によっては、突き放されてしまうような印象を抱くかもし
　れません。一緒に考えよう、向き合おうという態度や発言が
　「つながる」支援には必要です。

4 選択肢を提案しよう

　保護者を専門機関へつなげるときには、選択肢がなければなりません。選択肢がひとつだと、「ここに行ってみてはどうですか？」と相手に判断を委ねるような言い方であっても、相手にとっては「決められた」「指図された」と受けとられてしまいやすいからです。また、最終的に判断するのは保護者や本人であることにも留意します。もし、相手に複数の選択肢を提示できない場合は、相手の「選択しない」という選択も受け止める必要が出てくるでしょう。

　つなげたい気持ちが高まりすぎるとかえって行き詰まりやすくなります。また、状況に行き詰まりを感じると、相手に対する負の感情が生じやすくなります。「変わらない」ということにこだわらない理解や考え方が、ここでも生きていきます。よって、「選択しない」ことも視野に入れておき、事前に選択しなかったときに、周囲の関係者はどのように対応していくかを考えておくことが大切です。

　保護者が他機関の利用は必要ないと一度判断した後も、悩んでいる・迷っている可能性があります。本人や保護者の状態や状況によっては他機関につなげることが必須とはなりませんが、保護者との相談を続けていく中で納得のいく方向性が見つかることもあります。

❖相談先を整理しておきましょう

無料で相談できるところ

・学校のスクールカウンセラーや相談員
・市役所や地域の相談機関　など

すぐに相談できるところ

・学校の教育相談主任や特別支援教育コーディネーター
・特別支援学級の担任　など

近くで相談できるところ

・校内の教員
・市役所や地域の相談機関　など

専門的に相談できるところ

・地域の専門相談機関
・通級指導教室の担当教員
・医療機関　など

年齢があがっても継続的に相談できるところ

・障害者就労支援センター
・成人専門の医療機関　など

5 十分な情報提供をしよう

　次の相談先として、保護者が「今の自分・子どもに合っている場所はどこか」を選択することが重要です。そのために、つなげる先はどういう場所であるか、そこへ行くとどういう結果が得られるかを十分に説明することが大切です。どのような相談を扱っていて、どのようなサービスが受けられるのかに関する詳しい情報を事前に把握しておきましょう。また、それらを利用することで「今の困りごとが軽減される」（短期的な見通し）または「（例えば）何年か後に役立つ」（長期的な見通し）といった専門機関などの重層的な利用との双方について伝えられると、保護者も選択しやすくなるでしょう。

　時には、他機関や他の専門家を利用することが本人のためになるものの、保護者にとっては金銭・時間・距離の面で負担になることもあるかもしれません。そういった保護者の負担も考慮した上で選択できるように、十分に情報を提供することが大切です。

　また、保護者が紹介した先に「つながろう」と決めたときに、誰が連携先へ連絡するかも大切なポイントです。保護者自身が行なうことが一般的ですが、学校から事前に伝えておくことでスムーズな受け入れにつながることもあるかもしれません。できることは保護者にやってもらう、サポートが必要なところは先生も手伝うといった役割分担ができるとよいでしょう。

❖ 情報提供のために確認しておきましょう

時間	・何時から何時まで受け付けているのか ・仕事後に利用できるのか　など
曜日	・平日のみの相談であるのか ・休日も受け付けているのか　など
場所	・自宅から通うことができる距離であるのか ・交通手段　など
対象	・何歳から何歳まで相談することができるのか　など
金額	・無料・一部負担・有料　など
スタッフ	・資格を有しているスタッフがいるのかどうか　など
混み具合	・予約をとると初回がいつになるのか　など
予約方法	・電話やインターネットでの予約なのか ・予約期日があるのか　など

❖ 他機関への連絡や予約の手助け表

手助け 少 ↓ 多	保護者が自分で調べて連絡する
	資料や情報のみ提供し、保護者が自分で連絡する
	紹介状や情報提供書を提供し、保護者が自分で連絡する
	紹介状や情報提供書を提供しこれから保護者が予約を入れる旨を伝え、保護者が自分で連絡する
	紹介状や情報提供書を提供し、先生から予約を入れる
	紹介状や情報提供書を提供し、先生から予約を入れ、保護者の了解を得て通院にも同行する

6　丁寧にフォローしよう

　専門機関などにつなげて保護者がそこを利用した後も、フォローが必要な場合があります。他機関の利用を続けられるか、困ったことを相談できているかどうか、現状やこれまでの経緯をきちんと伝えられているかどうか、しばらく見守る体制がとれるとよいでしょう。また、保護者が専門機関を利用する上で、少なからず負担がかかることを理解し、「行ってあたりまえ」「必要だから当然」とならずに、本人や保護者が利用していることを定期的に労うことも大切です。

　保護者が専門機関などに行った後は、 子どもの理解を深めるための情報を教えてもらったり、学校でできる手立ての情報を共有したりする場面を設けましょう。共有の仕方は、直接会う形にこだわらず、電話や手紙なども状況に応じて活用していくことが必要です。その場合、扱う情報は「個人情報」に該当しますので、必ず保護者の同意や子ども本人の了承を得るようにします。

　子どもの情報と合わせて、保護者の思いや方向性を共有する場面をもつことが、専門機関先につながり続けるモチベーションを高めます。学校と保護者、保護者と他機関、また学校と他機関が良い関係性でつながりをもつことが、保護者と子どもの過ごしやすさを生みだすでしょう。

❖ フォローのためにかけたいひとこと

・相談先での様子を尋ねる

「行ってみてどうでしたか？」
「どんなことを聞かれましたか？」
「やってみてどうでしたか？」
「話したいことは伝えられましたか？」
「困ったことはありませんでしたか？」

・相談が継続できるかどうかを確認する

「次回の日時は決まっていますか？」
「しばらくはそちらで相談できそうですか？」

・今後も利用を継続できることを伝える

「また様子を教えてくださいね」
「困ったことがあれば、またいつでも相談できますよ」
「こちらでも引き続き様子を見ていきますね」

7　3つの技術を用いた相談の整理

　これまで保護者相談の「3つの技術」について、実践上のコツを説明してきました。これらの技術を活用するには、保護者相談がどのように流れていくのか、その中で「3つの技術」をどのように織り交ぜていくのか、その全体像をイメージしておく必要があります。

　本書の後半で事例に沿った極意を示す前に、改めて「3つの技術」を整理しておきましょう。例を挙げたほうがわかりやすいので、典型的な相談事例に沿って、保護者相談の流れを概観しましょう。

事例概要

　小学校の4年生のZくんは、教科や活動によって意欲を見せるときとそうでないときの差が大きく、担任の先生も対応に困っています。Zくん自身に尋ねても「なんだかわからないけどやる気が出ない」と悩んでいる様子です。

〈相談を始める前に〉

・面接にむけて、Zくんの様子を保護者に簡潔に伝えられるように、簡単なまとめを作成しました。（右ページに記載）

・現時点では、「Zくんがなぜ意欲的なときとそうでないときがあるのかがわからない」状況です。そこで、1回で相談を終わらせるのではなく、何度か話をする中で問題を解決していこうと計画を立てました。はじめの5分間で「保護者とつながる」、35分間で「保護

者の話を引き出して整理する」、最後の5分間で「次回の約束をする」という流れです。　　　　　　　　　　　　（▶9ページ）

・今回の相談のゴールは「今の状況を整理する」こととしました。この目的は、相談の中で保護者にも確認します。　　　（▶26ページ）

・事前に作成したまとめ

（▶9ページ）

（▶26ページ）

今できていること
・配布物係の活動は自分から積極的に頑張っている
・友達とは仲よく過ごすことができていて楽しそう
・ペア学習や実験は誰よりも一生懸命取り組んでいる

相談で聞きたいこと
・家で宿題をやっているときの様子
・板書がたくさんある授業は苦戦しているように見えるが、家ではどうか？　小学校低学年のときはどうだったのか？
・意欲の差は家庭でも見られるかどうか
・学校のことや勉強のことを、家ではどのように話しているか
・保護者から見て気になることはあるか

〈実際の相談の中で〉

①まずは相手を労う（▶24ページ）

・今日はお忙しい中、時間を作っていただいてありがとうございます。

・突然の連絡で驚かれたことと思います。

・お仕事（おうちのこと）は大丈夫でしたか？

②時間の枠組みと相談のゴールを確認する（▶18ページ・▶26ページ）

・今日の相談は、18時までの45分間を予定しています。

・まず、こちらから学校でのZくんの様子をお伝えさせていただきたいと思います。次に、ご家庭から、おうちでの様子や小さい頃の様子、それから保護者の方が気になっていることがもしあれば、それも伺わせていただきたいと思うのですが、いかがですか？

③まずは頑張りから伝える（▶44ページ）

・2学期は配布物係になって、自分から「今日配るものありますか？」と聞きに来てくれたり、率先して配ってくれたりしていて、助かっています。

・友達とよく一緒にいて、休み時間も楽しそうに過ごしています。

④学校と家での様子について情報を出し合う

　（状況を整理するためにはいろいろな観点が必要です　▶13ページ）

　（できていることの中からヒントを探す　▶36ページ）

　（どうしてだろう？　と考えてみる　▶32ページ）

・Zくんの一生懸命さが、勉強場面になるとなかなか見られず、どうしてかなぁと感じています。ご家庭で勉強しているときの様子はどうですか？

・ペア学習や実験はよく参加できているんですよね。気持ちが乗っているときは、ちょっと声をかければすぐに切り替えることができています。

・もしかすると、座って行う学習になるとZくんが意欲を感じにくくなっているのかもしれませんね。

・授業での様子を見ていると、文字をたくさん書く活動は苦手かな？と思うのですが、おうちではどうですか？

・一生懸命文字を書こうとしても時間内に書ききれないなど、うまくいかない経験が積み重なってしまって、やりたくなくなってしまったのかもしれませんね。それは本人にとってもつらいですよね。

⑤つなげたい専門機関を紹介する

　（十分な情報提供をしよう　▶50ページ）

　（決断を急いで迫らない　▶46ページ）

　（丁寧にフォローしよう　▶52ページ）

・Ｚくんの得意なことや苦手なことによって、Ｚくんに合った対応は変わってきますよね。地域の教育センターでは、Ｚくんの特徴を整理してくれたり、必要に応じて得意なことや苦手なことがわかる検査をとってくれたりするようですよ。そこで何か診断をされるということではなく、困っていることを聞いてくれて、一緒に考えてくれる機関であるようです。

・Ｚくんに合ったやり方が見つかれば、Ｚくん自身もご家族も負担が減って、過ごしやすくなるのではないかと思います。ちょっとご家庭でも検討してみてください。

・相談に行かれた際は、可能であれば、Ｚくんのことでわかったことがあれば学校にもぜひ教えていただきたいです。

⑥次回の相談について決める

・今日は、いろいろとお話を伺わせていただきありがとうございました。

・もしよければ、今日のお話の続きをまた伺いたいのですが、いかがですか？

・ご都合がよい曜日や時間などはありますか？

・学校でも、ペア学習の機会を増やしながら、丁寧に様子を見ていきますね。

コラム 4

電話での相談は難しい

　皆さんは、電話でのやりとりで困った経験はありませんか？

　保護者との相談を進める上で、日程調整や日々の連絡など、電話で連絡を取ることはしばしばあります。電話での相談は、相手の表情が見えない分気持ちを察しづらかったり、こちらの意図が伝わりづらかったりするため、重要な案件については対面で伝えることが望ましいです。

　しかし実際には、学校で起きたトラブルなどを、電話で報告しなければならないこともあるでしょう。その際にも、トラブルの内容を一方的に伝えるのではなく、「保護者相談の３つの技術」を思い出して、まずは保護者を労う（ねぎら）ことから始めましょう。わたしたちも、こちらから電話をかける際は、「今、お電話して大丈夫でしたか？」「少しお時間をいただいてもいいですか？」と相手の都合を確認してから話すように心がけています。

　電話での相談は、対面の相談よりもゆっくりはっきりと話すことが必要です。わたしたちは普段、相手の表情や雰囲気など、目で見たり肌で感じたりできる情報も合わせて、相手の言葉を理解しています。しかし、電話では、言葉にならないさまざまな情報は伝えることができません。ぶっきらぼうな印象を与えたり思わぬ誤解を与えたりする可能性も考慮し、言葉の使い方には気をつけたいところです。

第5章

事例別
保護者相談の極意

ここからは、小中学校で相談したいこととして挙がりやすいものを事例のテーマとして扱っています。各事例で保護者と「つながる」ために必要なことが何で、どういうふうに問いかけることで情報を「引き出し」、「つなげる」ためにどのような点に気をつけるとよいかを示していきます。

　以下では、事例の各項目の内容について、簡単に説明します。

❋「事例概要」

　みなさんに、自分たちが実際に接するイメージを具体的にもってもらうために、事例のテーマだけでなく子どもの簡単な情報を添えました。または、自分の身近な子どもを想定しながら読むことで理解が深まることでしょう。

❋「つながる」

　保護者と「つながる」ために、子どもが抱えている大変さや示す行為の背景などの基本的な情報を述べています。保護者を労_{ねぎら}うときや大変さを共有するときに必要です。

❋「引き出す」

　問題行動に捉われず、子どもの可能性を見つけていくために必要な観点やそれらを引き出すための具体的な問いかけを述べています。効果的な問いかけによって、必要な情報が効率よく得られます。

❋「つなげる」

　保護者に他機関へつながる必要性を感じてもらうためには、「周りもいろいろと本人に働きかけている」ことが大切です。具体的な働きかけ方の一例や「つなげる」ときに必要な心構え、対応について述べています。

✿よくある相談

「つながる」技術を使って、学校での様子を伝えましょう

１）勉強ができない

２）やる気がない

３）授業中に立ち歩く・大きな声を出す

４）いつも落ち着きがない

５）授業中によく寝ている

６）提出物が出せない

７）遅刻が多い

８）いつもひとりでいる・友達と遊べない

９）人前で話をすることが苦手・緘黙

✿ちょっと気をつけて進めたい相談

「引き出す」技術を使って、冷静に相談を進めていきましょう

10）自分勝手な言動が目立つ

11）嘘をつく・人のものを盗る

12）いじめ（被害・加害）

13）自分を傷つける（自傷行為）

14）他人に危害を与える（他害行為）

15）スマホ・ネット依存

16）何だか様子が気になる

17）発達障害かもしれない

✿じっくり進めたい相談

「つなげる」技術を使って、専門機関と連携していきましょう

18）不登校

19）非行

20）虐待またはその疑い

事例1　勉強ができない

事例概要

　授業中、うつむいてばかりのＡくん。小学３年生に進級してか
ら、勉強が難しいと訴え、宿題もほとんど手がつかなくなってき
ています。そこで先生は、保護者相談を行なうことにしました。

つながる

　「勉強ができない」は、相談の中でもよく耳にする言葉です。
まずは、どのように・いつから勉強ができないのかを整理してい
きましょう。勉強全般が苦手なのでしょうか？　それとも、特定
の教科が苦手なのでしょうか？　テストの点数や宿題の取り組み
などを聴き取りながら、今困っていることが何であるのか、いつ
ごろから始まったのかなど、具体的にしていく作業が必要です。
　学習面についての聴き取りのあとは、子ども自身のことも整理
していかなくてはなりません。なぜなら、学習のつまずきは、学
力面での困難さが大きいケースや、注意や集中といった学習に向
かう構えが作りにくいケース、テスト勉強のスケジュールがうま
く立てられないケースなど、その要因はいくつも考えられるから
です。学習以外にも気になる点があれば、本書の「やる気がな
い」「授業中に立ち歩く」「いつも落ち着きがない」「授業中によ
く寝ている」といった項目も参考になるでしょう。

引き出す

・どの教科／どのような活動が苦手（好きではない）ですか。
・それはいつからですか。
　例）「ひらがなやカタカナなどの文字の習得はどうでしたか？」
　　　「九九は苦労することなく覚えられましたか？」
・家庭での宿題／テスト勉強の取り組みはどうですか。

つなげる

　「勉強ができない」子どもへの支援は、①「苦手・嫌い」な気持ちを減らして自信をつける、②「得意・好き」なことを伸ばして、「苦手・嫌い」なものにチャレンジする気持ちを育てていくことの両方が必要になります。①は、つまずきに合わせて、見本を見せたりやり方を教えたりしながら少しずつ進めていきましょう。②は、得意なことや好きなことに取り組むことで「自分にもできそうだ」という意欲を高めることにつながります。

　相談の内容によっては、WISC-IV 知能検査といった心理検査の実施を検討することもあるかもしれません。検査によって子どもの特徴を捉えることが有効なこともありますが、心理検査の勧めは慎重に行ないたいものです。保護者との信頼関係が築けていないうちに勧めてしまうとトラブルになりやすく、子どもの様子の共有が済んでいないうちに勧めてしまうと検査の結果がうまく活用されないことが多いからです。相談のテーマが「勉強ができない」とまだ具体的でないうちは、保護者との相談を通して、どのようなことに困っているのかを整理し、検査を実施するかどうかを丁寧に検討していく必要があります。

事例2　やる気がない

事例概要

　中学2年生のBさんは、部活の朝練に毎日参加して頑張っています。けれども最近、数学の時間になると板書をせずに、ぼーっとしていることが増えてしまいました。

つながる

　相談にくる小・中学生の話を聞くたびに、授業・宿題・習い事と、毎日やらなければならないことの多さに驚かされます。私たち大人も、やるべきことが多すぎたり難しすぎたりすると、「やる気」はなかなか起きないものです。最初はやる気に満ち溢れていても、頑張って取り組みを進めるうちに疲れ果ててしまうかもしれません。

　「やる気がない」という相談には、①やる気が起きない理由を考えること、②どうすればやる気が起きやすくなるのかという手立ての工夫が必要です。「やる気がない」という言葉で全てを片付けずに、根気よく相談を進めていく姿勢が重要です。

引き出す

・出されている課題が難しすぎるのでしょうか。
・宿題の量や授業内で作業する量が多すぎるのでしょうか。
・取り組まなければいけない時間が長過ぎるのでしょうか。

　「やる気がない」という相談では、保護者と一緒に「子どもが
頑張り続けるための仕掛け」についてアイデアを出し合うことが
必要です。やるべき課題が難しすぎるときは、一緒にやったりヒ
ントを与えたりする支援が有効です。やるべき課題が多すぎると
きは、量を減らしたり小分けにしたりする環境の調整がよいかも
しれません。やるべき時間が長過ぎるときは、時間を短く区切っ
たり、タイマーや時計を用いたりして終了時刻をわかりやすく見
せることも必要となるでしょう。普段から何分間くらい集中力が
続くのか、どのような環境であれば集中しやすいのかを観察して
おくことも大切です。毎日コツコツ頑張っていることや、当たり
前のように続けていることにも目を向け、その努力を褒めたり認
めたりできるとよいでしょう。

　「やる気がない」状況で、もっと頑張らせようと厳しくする支
援はお子さんの反発を生みやすく、あまり効果的ではありませ
ん。周りの大人も一緒に達成感を味わえるようなアイデアを、下
記を参考にしながら話し合えるとよいでしょう。うまくいきそう
なアイデアを一定期間試してもらい、効果があったものは続け、
効果がなかったものは別の方法を試してみる柔軟性が重要です。

　・教室内の座席を工夫し、集中しやすい環境を作る
　・気が散ってしまいそうなものは片付ける
　・課題の途中で、本人の頑張りを褒める
　・わからないところはヒントを与える
　・何時何分まで頑張ればいいのか、時間を決めておく
　・時間経過や残り時間が見えるように、タイマーを使う
　・課題を小分けにしたり、途中で休憩をはさんだりする

事例3　授業中に立ち歩く・大きな声を出す

　小学2年生のCくんは、授業中に何度も席を立ってしまいます。先生はその度に声をかけ、そのときは「わかりました」「ごめんなさい」と言うのですが、その回数はなかなか減りません。

つながる

　「授業中に立ち歩く」「大きな声を出す」は、一見すると困った行動ですが、そこにはそう行動してしまう理由・背景があるのではないかと考えられます。授業中に立ち歩いてしまったり、大きな声を出してしまったりといった「気になる行動」への対処は、①いつ・どんなときに起こるのかを観察することと、②より適切な行動（代替行動）を考える、という2つの作業が必要になります。

　例えば、「授業中にわからない問題があると大きな声を出してしまう」場合、「手を挙げて先生を呼ぶ」「わからないところを質問する」「友達に聞く」などの「代替行動」をとることができれば、大きな声を出す必要もなくなります。「代替行動」というのは、問題とされる行動によって解決している問題や課題などを、周囲から受け入れられやすい適切な手段により、表現する方法のことです。大きな声を出してしまうこと（問題）を注意するよりも、「こういうときは〇〇しましょう」と対処方法（代替行動）を具体的に教えることが有効な場合が多いのです。

引き出す

・家庭では、どのような活動の前／途中／後に起こりますか。
　例）苦手な活動の前や、やるべき課題が終わった後に起こる
　　　　家では起こらないなど
・代わりとなる適切な行動にどんなものがあるでしょうか。
　例）「わかりません」と言う・予定された時間までは座って待つ

つなげる

　「授業中に立ち歩いてはいけません！」「大きな声を出しません」などの「〇〇してはいけません」という注意では、その行動をやってはいけないことは理解できますが、代わりにどのような行動をとればよいのか、瞬時には理解できないでしょう。具体的にそのときにとるべき行動を、短い言葉で伝えることが有効です。ついつい動いてしまう子どもや、動きが速く大きい子どもは、注意を受ける機会が多くなってしまいます。「こういうときはどうしたらよかったっけ？」と立ち止まって振り返えるきっかけを作り、「〇〇してください」と怒らずに指示を与え、できたら褒めるという好循環にもっていきたいものです。

気になる行動	アイデア
授業中に立ち歩く	立ち歩いてもよい時間を作る
	ペア学習やグループ学習を取り入れる
	いつまで座っていればよいのかを明確にする
大きな声を出す	声のものさしを使い、できているときに褒める
	イライラしたときの対処法を伝えておく

事例4　いつも落ち着きがない

　Dさんは小学3年生で、休み時間になると校庭に一目散に駆け出していく元気な子です。授業中は貧乏ゆすりをしたり隣の子に話しかけたりして落ち着かない様子で、先生からの大事な話を聞き逃してしまうこともしばしばです。そこで、先生は家庭訪問で、Dさんの学校での様子を保護者に相談してみることにしました。

つながる

　子どもが「落ち着きがない」と気づけたことは、本人を理解するための大切な一歩です。なぜなら、落ち着きがなくなってしまうには、本人なりの理由があるからです。「落ち着きがない」ということの具体的な中身について確認してみましょう。

　どんな場面を見て、「落ち着きがない」と感じたのでしょうか。授業中に手遊びや貧乏ゆすりをしているのでしょうか？　机の上の物をよく落としてしまうのでしょうか？　お子さんによっては、そのような刺激を入れることでなんとか座っていられる場合もあるかもしれません。本人の状態によっては、取り組めるものを増やしていくことで、結果的に落ち着きのなさが少なくなっていくことも考えられます。

引き出す

・落ち着いていられる瞬間や場所、活動はありますか。
（家では／学校では／いつもと違う状況では／新しい場所では）
・落ち着きがない様子は、小さい頃からありましたか。
（いつから／誰が、気がかりだったのか）

つなげる

　「いつも落ち着きがない」という相談で大事なことは２点です。
　１点目は、「本当は落ち着いて勉強に集中したいのにできなくて辛い」という本人の思いを汲みながら相談を進めることです。「やるべきことはわかっているけれど、どうしても気が散ってしまうのですね」「やる気も意欲も十分あるのに、『もっとしっかり聞きなさい』とか『まじめにやりなさい』とか言われてしまうと、それは悲しいですよね」などと声をかけられるとよいでしょう。そうすることで、保護者は「子どもの立場に寄り添って考えてくれている」と感じるはずです。
　２点目は、「子ども自身が困っていることを解決するため」という方向性で相談を進めることです。「子ども自身が困っている」という方向性を共有することで、保護者との信頼関係を築きやすくなり、相談がスムーズに運びやすくなるでしょう。また、家庭での本人の様子や小さい頃の様子など、さまざまな情報をお話しいただくことで、落ち着きがなくなってしまう要因が見えやすくなります。

事例5　授業中によく寝ている

事例概要

　中学3年生のEくんは、学年が上がるにつれて、授業中に寝てしまうことが多くなりました。学校へは毎日登校していて、遅刻することもありません。

つながる

　授業中、子どもたちは、先生の指示に従って活動や学習を進めています。何らかの活動がある中で「寝ている」ことには、それなりの理由があります。主な理由として考えられるのは以下の2つです。

①学習の難易度が高く、内容がわからない

②睡眠不足や体調不良が続いている

　①は、学習内容がわからないため、結果として寝てしまうというパターンです。「そのときのみ生じた」ことではなく、これまでも「理解しようと努力したけれどもわからない」ということが続き、「やってもわからない」「どうせやっても無駄だ」と感じるようになったと考えられます。授業中に寝てしまうことのみへの対応では改善がはかりにくく、学習のつまずきへの対応が必要です。

　②は、学校や家庭での生活において、神経をすり減らすような活動や、夜更かしや生活習慣の乱れなどにより、睡眠が安定しないのかもしれません。これらの出来事は、要因が複雑にからみあっている可能性があり、丁寧な聴き取りが必要です。

引き出す

学習について
・これまで、学習に苦労している様子はありましたか。
・頑張ればできそうなのに、すぐに諦めてしまうことはありますか。
・何か悩みなど抱えている様子はありませんか。

睡眠について
・夜何時頃に布団に入っていますか。
・夜寝る前に何をしていますか。
・夜はぐっすり眠れていますか。
・途中で目が覚めている様子はありますか。

つなげる

　授業中に寝てしまう子どもは「やる気がない」「態度が悪い」と捉えられやすく、「授業中に寝てしまっている」という報告を受けた保護者は、大きな衝撃を受けます。

　事実だけが伝えられた場合、保護者は子どもへ「授業中寝るな」「起きていろ」とだけ伝えてしまうことや、強く叱責することがあるかもしれません。しかし、「授業内容がわからなくて苦痛である」「寝不足や体調不良である」のにも関わらず「頑張れ」とだけ言われる子どもは、苛立ちが募るだけでしょう。

　やはり、「寝てしまうには理由がある」という視点に立ち、どんな支援方法によって本人の教室での活動がよりよいものになるかを相談することが重要だと考えます。「付録」を活用しながら、保護者への聴き取りを進めていけるとよいでしょう。

❖❖睡眠日誌をつけてみましょう

月 / 1日	月 / 2日	月 / 3日	月 / 4日	月 / 5日	月 / 6日	月 / 7日	月 / 8日
	月	火	水	木	金	土	日
0時							
1時							
2時							
3時							
4時							
5時							
6時							
7時							
8時							
9時							
10時							
11時							
12時							
13時							
14時							
15時							
16時							
17時							
18時							
19時							
20時							
21時							
22時							
23時							

❖ 生活リズムを記録してみましょう

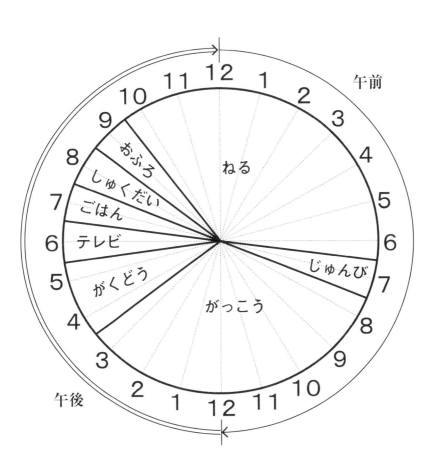

事例6　提出物が出せない

　中学1年生のFさんは、宿題のプリントや保護者への手紙を出すことができず、いつも「未提出」のリストに名前が挙がってしまいます。担任の先生も何度か声をかけるのですが、うまくいきません。

つながる

　「提出物が出せない」という悩みを抱えて相談に来たということは、「提出物を出しなさい」と何度も声をかけるだけでは提出が難しく、お子さんに合わせた何らかの工夫やサポートが必要であることを示唆しています。

　提出物が出せないのは、なぜでしょうか？　思いつく限り、挙げてみましょう。提出物を完成させる意欲はありそうですか？何をいつ提出するのかを把握しているでしょうか？　提出物は無くしてしまうのでしょうか？　やってあるのに集めるタイミングを逃してしまうお子さんもいるかもしれません。

　提出物を期限前に出すには、提出物を出す準備段階のつまずきと提出物を出す段階でのつまずきがありそうです。提出物を出さないお子さんは、一見すると「やる気がない」「だらしない」と思われてしまうこともあるかもしれません。しかし、このような捉え方では物事はなかなか解決に向かわないため、どうしてなのかを考え、さまざまな工夫を試してみる姿勢が大切です。

引き出す

・提出物は全て出せていないのでしょうか。
　出せているものもありますか？　出せている理由は何でしょう
　か。
・物の管理全般の苦手さはありますか。
　例）忘れ物・落し物・ロッカーや引き出しの整理整頓
・覚えておきやすい声かけの仕方はありますか。
　例）口頭で・板書で・メモを書いて・一斉の場面で・個別で
　　　朝に・休み時間に・帰りに・直前に

つなげる

　提出物を出す準備段階でのつまずきか、提出物を出す段階での
つまずきかによって、家庭と学校でどのような手助けが必要なの
かを考え、役割分担をしましょう。家庭との役割分担を考える際
は、保護者自身の仕事や子育て、介護などがどのくらい多忙であ
るのかをチェックしておく必要があります。宿題や提出物の
チェックが過剰な負担になっていないかどうかを確認しながら、
無理のない範囲で協力してもらえるように話し合えるとよいで
しょう。
　将来の自立を考えると「期限を守って何かをこなす」ことはと
ても重要な技能です。しかし、現状では、お子さんひとりで全て
をこなしていくことは難しいという場合もあるかもしれません。
お子さんが全てを自分でこなすことを目標とするのか、特定の教
科だけでもできるように声をかけていくのか、あるいはとにかく
提出することを目指すのか、どこを目標としていくのかを明らか
にできるとよいでしょう。

事例7　遅刻が多い

事例概要

　　中学2年生のGくんは、1ヵ月ほど前から学校に遅れてくることが多くなりました。学校に来てからも疲れた表情をしていることが多く、学年の先生たちもとても心配しています。家庭での様子が気になった担任の先生は、放課後に保護者と面談することにしました。

つながる

　「遅刻が多い」子どもには、まずどのような経緯で遅刻してしまうのかの把握が重要です。主な理由として考えられるのは以下の2つです。

　　①生活リズムが乱れている

　　②学校に行きたがらない／行けない

　①では、生活リズムの乱れは昨日今日で作られたものではないために、学校に遅刻してしまうことは「慢性化」していると考えられます。①の背景には、保護者の多忙さ（例えば、帰りが遅く、朝子どもを起こして支度をさせ、学校に送り出すという関わりが難しい）があるかもしれません。

　②の背景には、「宿題が終わっていない」「持ち物が揃わない」「友達とうまくいかない」「勉強がわからない」などのために、学校へ行くと辛い出来事が起こるという予測が立ってしまうことが考えられます。

引き出す

> **生活リズムについて**
> ・朝起きる時間や夜寝る時間は、何時頃でしょうか。
> ・朝食や夕食はどうしていますか。
> 　（誰が用意しているか／何時頃／誰と食べているか）
> ・保護者の帰宅／出勤時間は、何時頃でしょうか。
> **本人の様子について**
> ・宿題への取り組みはいかがでしょうか。
> 　（どのくらい理解できているのか？／所要時間は？）
> ・友達と遊んでいるときの様子はいかがでしょうか。
> ・休日何をして過ごしていますか。
> ・その日のよかった出来事や嫌だった出来事を家で話していますか。

つなげる

　子どもが遅刻していることを保護者に伝えると、保護者は「注意を受ける」と構えてしまう可能性があります。「注意を受けた」ことのみが強く印象に残ってしまうと、質問に正確に答えてもらえない上に、信頼関係まで損ねてしまう可能性があります。

　そのため、相談の冒頭では、本人の良いところや頑張っているところを伝えたいと考えます。その上で、遅刻の行為自体を責めるわけではないことや本人の遅刻は結果のひとつに過ぎないことを共有しましょう。一方で、遅刻により保護者や本人が抱えるデメリットも少なからずあるため、遅刻に至る背景を考え少しずつアプローチしていく中で、「保護者と一緒に改善していきたい」ということが相手に伝わることが大切です。

事例8　いつもひとりでいる・友達と遊べない

※いじめが疑われる場合は、事例12の「いじめ」の項へ

事例概要

　小学１年生のＨさんは、10分休みは自分の席で過ごしています。昼休みは校庭へ出ていきますが、友達と遊んでいる様子はあまり見られず、ひとりで歩き回っています。

つながる

　学校の休み時間で、さまざまな過ごし方をしている子どもたちの中にひとりで過ごしている子どもを見かけると、ちょっと気になります。同学年の友達よりも大人とのかかわりを求め、先生の近くで過ごしていることが多い、という場合もあるでしょう。そうした子どもたちは、「仲よくしたい気持ちはありながらも、仲間に入るための方法がわからない・上手にできない」「他の子と同じ遊びには興味が向かない」など、背景もさまざまです。

　自閉症スペクトラム障害の特性をもっている場合には、周りに合わせたり一緒に行動したりすることが苦手で、周囲から「かかわりにくい子」と敬遠されてしまうこともあります。本人自身が、対人関係のストレスから「ひとりでいることのほうが気楽」と、自分から離れて過ごしていることもあるかもしれません。

　いずれの場合も、「ひとりでいること＝何か診断や訓練がすぐに必要な状態」ということではないため、子ども自身の困っていることに合わせた支援を優先しましょう。

引き出す

- ・本人にとって休み時間がどんな時間になっているでしょうか。
  - 例）気持ちを落ち着ける時間・ひとりで静かに過ごしたい時間
- ・友達との関係はどのような様子でしょうか。
  - 例）用事があるときに友達に話しかけることができるか
  - 　　仲のよい友達がいるかどうか
- ・家庭でのやりとりはどのような様子でしょうか。
  - 例）家族の誰とどのような話をするか
- ・他または過去の集団場面での様子はいかがでしょうか。
  - 例）幼稚園・保育園での自由時間は何をしていたか
  - 　　公園や外出先ではどのように過ごしているのか

つなげる

　保護者も心配している場合には、「ひとりで過ごすこと」が子どもにとってどのような時間になっているかを、まずは共有していきましょう。本人も困っている様子がある場合には、教室の中ではどのような手助けができそうか、といった視点で話し合っていきましょう。

　子どもの生活全体を見ていくと、誰かと適切なコミュニケーションをとれている場面は必ずあるはずです。人に話しかけることが苦手な子も、好きなことについては、自分から人に伝えたい、一緒にやってみたいという気持ちをもっています。また、自由な会話が苦手でも、パターンが決まっていれば、やりとりや意思表示ができていることもあります。やりとりのスキルを発揮しやすい場面を意図的に設定し、関われて良かったという達成感につなげていきましょう。

事例9 人前で話をすることが苦手・緘黙

事例概要

　小学4年生のIさんは、学校ではほとんど話をすることはありません。家では学校での出来事をよく話をしています。放課後に仲のよい友達と家で遊ぶときは、話をすることもあります。

つながる

　「人前で喋ることができない」「人前に出ることが不安」という悩みは、多くの人が抱えているかもしれません。しかし、このような状態が過度に現れる場合に、「場面緘黙」や「社交（社会）不安障害」の一種の症状と捉えられることがあります。

　この状態を本人が自力で克服していくことは大きな困難が伴います。まずは、環境を整え本人のパフォーマンスが十分に発揮できる場面から、「スモールステップでの達成」「活動への自信の獲得」を目指していきましょう。また、環境が違うとその「話しやすさ」にも影響が出てきます。家ではたくさん話す場合でも、人前や苦手な場面などによってはあまり話さないこともあります。

　保護者は家での様子が本人の「ありのまま」だと思うこともありますので、学校などの場面で話さないことを知らないことがあるかもしれません。支援を考えていく際に、保護者や他の先生、クラスメイトなどのメンバーからの理解も重要になります。本人のステップアップと環境整備をバランス良く進めていきましょう。

引き出す

・家以外で「話さなければならない」ときは、どのような様子ですか。
（保護者は学校で話さない様子をどのくらい把握しているか）
・家での会話の様子はどうですか。
・本人が楽しく過ごせる活動・場所・相手は何(誰)でしょうか。
・本人が好きなこと・得意なことは何でしょうか。
・本人自身は家ではどんな性格でしょうか。

つなげる

　保護者は学校での本人の姿がわからない場合もあるため、面接に先立って、先生が学校での気になる様子について情報交換を始めるとよいでしょう。もし、保護者がまったく知らなかった場合には、いきなり本題に入らず「つながる」ためにワンクッションの会話をしてから始めましょう。情報交換の際には、本人の様子を「場面」「相手」「活動」の軸に分けて保護者に伝えてみましょう（例えば、「日直当番にクラスの前で」「クラス全員にむかって」「大きな声で自分の話をする」ときに、かたまってしまい話せなくなってしまいます）。

　話さないことへの個人差は確かにありますが、本人が困っている・助けがほしいと感じていることも重要になってきます。学校でなかなか話せない場合は、本人の気持ちや考え、手伝ってほしいことなどを保護者と協力して聞き出してもらえるとよいでしょう。解決までに時間がかかる場合もあります。本人の些細な変化を成長したと共有することができる関係づくりを心がけましょう。

事例10 自分勝手な言動が目立つ

事例概要

　小学１年生のＪくんは、休み時間に友達とトラブルになってしまうことがあります。担任の先生から見ると、Ｊくんが勝手に遊びのルールや勝敗を変えてしまうことがきっかけのように感じますが……。

つながる

　「みんなの意見を聞かずに自分の言いたいことを言う」「遊びの中で自分が勝つためにルールを変更してしまう」「他の友達を自分の言いなりにしようとする」といった言動は、しばしば「自分勝手」と捉えられてしまうことがあります。保護者相談では、自分勝手な言動をしてしまう理由を探っていくことが支援の第一歩になります。

　まず、保護者や先生が期待することが、その子にとって無理がないか見直してみましょう。自分勝手な言動をとってしまう子どもの背景のひとつとして、感情のコントロールの弱さや他者の意図そして暗黙のルールを理解することの難しさなどの特性をもつ「発達障害」の可能性も考えられます。他にも、何らかの不安や恐れ、自尊心の低さなどの情緒的な問題が考えられます。例えば、大人から叱責されたり、他の子どもと比較されたりする経験が多いなど、家庭的な要因によっても自分勝手と捉えられるような言動を示すことがあります。

引き出す

- 保護者から見て、「自分勝手な」と思われる言動は、家でも見られますか。
- 大人との関わり、子どもとの関わりに特徴はありますか。
  例）大人の顔色を窺う
    　　好きな話を一方的に話す
- 苦手な教科や活動などはありますか。
- 自分勝手な言動が見られるときは、どのような活動・時間帯が多いでしょうか。
- 自分勝手な言動が見られないとき（適切な行動がとれているとき）は、どのような活動・時間帯でしょうか。
- 周囲の子どもたちとの関係はどうですか。

つなげる

　保護者面談では、周囲が迷惑していることを伝えても保護者はショックを受け、その場の感情に流されてしまい、子どもへの手立ては生み出されにくいといえます。保護者と先生がともに子どもへの対応方法を話し合う際には、問題が生じた周囲の状況と併せて子どもの様子と言い分を伝えるとともに、どうしたら、集団に適応できるのかについて、ともに考える姿勢を示すとよいでしょう。

事例11　嘘をつく・人のものを盗る

事例概要

　小学5年生のKくんは、これまで何度か友達の持ち物を盗ってしまったことがあります。その度に話し合いをしてきましたが、Kくんはやったことを素直に認めることができずに嘘をついてしまいます。

つながる

　私たちは「嘘をついてその場をしのぐ」「人のものを盗る」ということを目の当たりにしたときに、行為そのものに強いショックを受け、動揺してしまいます。しかし、これらの行為そのものに目を向け過ぎることなく、行為に込められた「意味」に思いを巡らすことが大切です。嘘をつくことで本人は自分の行為を正当化している可能性があります。いったい本人は何から自分を守っているのでしょうか。また、そのきっかけとなった「失敗をした状況」では何が起きていたのでしょうか。

　場面や状況によっては、他者とのコミュニケーションや考えに食い違いがあったり、うっかり相手の物を手にしていたりといった本人の意図とは異なる事態が起きている場合があるかもしれません。本人を取り巻く状況を整理し、落ち着いて問題の本質を見極めていきましょう。しかし、何度も繰り返されたり本人が意図して行なったりした場合は窃盗となります。窃盗は犯罪行為です。警察や他の専門機関と協力して対応できるとよいでしょう。

引き出す

・これまでの学校生活（対人面や学業面）は、どのように過ごしていましたか。
・今思い返してみると、日常生活で「実は困っていたのではないか」と思えることはありますか。
・これらの行為に至った流れをまとめたいのですが、「きっかけ」として思い浮かぶものはありますか。
・これらの行為をすることで、本人にとってどんな「メリット」が生じていると思われますか。

つなげる

　この種の相談では、「この子が悪い」「親の育て方が悪い」といった構図で誰かひとりに責任が集中してしまいがちです。そのため、ひとりを叱る（罰を与える）ことで相談が終わらないように気をつけましょう。また保護者自身も先述した状況により、今後の関わり方について逡巡している場合もあります。まずは保護者のショックについて耳を傾ける時間を取ることもよいでしょう。

　今後の方針として、学校と家庭の両方で本人が困っていることを明らかにし、本人にとって必要なサポートを考えることを目標に相談を進めていけるとよいでしょう。問題が起きたときだけでなく、定期的に本人の様子について話し合う機会を設けられるとより効果的です。

事例12　いじめ（被害・加害）

事例概要

　中学2年生のLさんから「クラスメイトのMくんからいじめられている」と相談がありました。学校いじめ防止基本方針に沿って対応し、それぞれの保護者と話し合うことになりました。

つながる

　子どもが精神的苦痛を感じるような身体的・心理的攻撃を加えられている状態が、いじめです。年齢によっていじめの様相は異なり、最近は、SNSなど相手の顔が見えない場でいじめが生じることも少なくありません。いじめは、相手の気持ちを想像する力や自分をコントロールする力が不足しているがゆえの「過剰なからかい」や「攻撃」が、そのような言動を許容する（見過ごしてしまう）家庭や集団の雰囲気・文化などの「環境」と重なったときに、深刻化します。日頃から、教室のルールや対教師・生徒間の関係性の見直しを行なうことや、気になる行動を示す子どもへの配慮によって予防することができます。

　起きてしまった場合には、いじめを受けた側の傷の深さ（トラウマ）や心情を理解し、正確な情報を集め、迅速に対応の流れや体制を整理することが大切です。いじめが発生した環境では、全ての子どもの「安心」「安全」が脅かされています。全ての子どもや保護者に向けて、学校の取り組みや経過を随時伝えることが、関係を維持していくために大切です。

引き出す

＊いじめの実態、事実の経緯、子どもたちの交友関係に関する正確な情報を集めた上で相談に臨みましょう。
＊問題解決に向けて、子どもは何を望んでいるかを大事にします。「仕返しをされるのでは」といった不安から相手への直接の指導や謝罪を望まないこともあります。

つなげる

〈被害者の保護者〉

　基本的な姿勢として、学校や教師の立場を守るような言い訳や解釈をはさまずに、経緯を説明することが重要です。不安に寄り添いながら子どもと保護者の話を聞いたうえで、学校ができることを説明しましょう。また、担任として、安心できる環境を作っていくことを明確に伝えます。子どもや保護者が受けた心の傷のケアについては、医療機関や相談機関との連携が必要になる場合が少なくありません。いじめの後遺症としての PTSD についても、正しい知識を得ておきましょう。

〈加害者の保護者〉

　仮に特定の加害者が存在した場合、加害者の保護者を相談の場に呼ぶ際には、「起きている問題について話を伺い、一緒に対応を考えたい」という姿勢で声をかけていくことが大切です。起きた事実を具体的に説明し、「本当にいじめなのか」といった議論にならないように気をつけましょう。また、保護者の意見を聞いたうえで、対立的にならないよう、「全員が安心して生活できるようなクラスを作っていくために、ぜひ協力してもらいたい」という姿勢をはっきりと伝えます。

事例13 自分を傷つける（自傷行為）

事例概要

　他生徒からの相談で、中学3年生のNさんがリストカットをしていることがわかりました。Nさんは、最近、教室でも暗い表情を見せることがあり心配です。

つながる

　自分を傷つけてしまうことは、身体にも心にも大きな負担となるため、周囲の人々からするとやめさせたい行為です。しかし、ただやめさせるように働きかければよいのでしょうか？

　自分を傷つけることは確かによくないことですが、そうでもしなければ解消されない何かがあるのかもしれません。また、その行為を一度止めたとしても、別の形で出ることや再び起こる可能性があることも想定しながら対応しなくてはなりません。自傷することでしか得られない何かを別の形で充足させたり、適切な別のやり方を教えたりという支援がなければ、自分を傷つける行為だけをやめさせることは難しいと考えてよいでしょう。

　相談を通してじっくり進めていくこと・命の安全を第一に緊急で動かなければいけないことを役割分担していく必要があります。本人の苦しみや悩みを十分に理解し、味方となる存在を増やしていけるようなネットワーク作りも有効です。

引き出す

- 自傷していることはどのように知りましたか。
  （実際の場面を見た・傷を見た・本人から話だけ聞いた・誰かから聞いた）
- 本人の最近の様子で変わったことはありますか。
- 緊急時の対応や相談先は、把握されていますか。
- 提案できる代わりとなる行動は、何が考えられるでしょうか。

つなげる

　まずは、本人の安全面が確保されるように、自分を傷つける可能性のある道具は家族が管理する、家族の目が届きやすいように配慮するなど、環境を整えていきましょう。家族をはじめとする周囲の人々は、本人が自傷によって表現したい気持ちや発散したいストレスがあるということは受け止められるとよいでしょう。

　緊急的な対応も必要となるため、先生がひとりで抱え込まず、専門家のアドバイスを受けながら対応できると安心です。相談を通して本人の困り感や悩みを解消していく際は、先生も保護者も焦りを感じやすく気持ちが暗くなりがちです。そのため緊急で対応しなければならない部分の現実的な検討と合わせて、今後を見据えて本人の伸ばしていきたい部分や良いところを確認する相談も必要となるでしょう。近年、自傷やリストカット、「死にたい」と言われたときの対応については、さまざまな書籍が出ています。きちんとした知識をもとに、1つひとつ丁寧に対応していけるとよいでしょう。

事例14　他人に危害を与える（他害行為）

　小学３年生のＯくんが、昼休みに筆箱で友達を叩いてしまいました。先週は、移動教室で他の友達を突き飛ばしてしまうこともありました。担任としても、どう対応したらよいか困っています。

つながる

　なぜ子どもは他害をしてしまうのでしょうか。他害には必ず理由があります。主に考えられる理由は、以下の３つです。

　１つ目は、もはや他害をするしかないほど追い詰められたということです。「やめて」と懇願しているのに相手はやめてくれないので、仕方がなく他害をするのかもしれません。

　２つ目は、他害以外の方法で目的を達成するスキルが身についていないということです。お菓子を得るためには叩くことが本人にとって一番効率的で、それ以外の方法を習得するのに周りに注意されるといったアプローチだけでは難しかったのかもしれません。

　３つ目は、言葉での表現が苦手であるということです。本人が相手に言われたことに対して、上手に反論できないために他害という方法になってしまったのかもしれません。

　いずれも、もやもやする、認められない、上手くいかないという気持ちを社会的には望ましくない代替的な方法で満たそうとしてしまっている状態と言えます。

引き出す

- ・本人が得意なこと、好きなことは何でしょうか。
- ・他害以外の方法で上手に対処できている場面はあるでしょうか。
- ・家やその他の場所では落ち着いて過ごせているでしょうか。
- ・家でも見られる場合は、どんな場面のときに起きているでしょうか。
- ・季節や学期、曜日、時間帯などによる違いはあるでしょうか。

つなげる

　自分の子どもが誰かを傷つけたということは、理由があっても保護者にとっては非常にショックな出来事です。保護者にはその事実を伝える必要はありますが、本人なりの理由もあったため、本人が全て悪いということではないことを十分に伝えることが必須です。そのために、日頃の本人なりに頑張っていることや本人の良さを伝えた上で、本人が他の子を傷つけてしまった話をしていくと、保護者も事実を受け入れやすくなると思います。

　「本人が全ていけなかった」「我慢ができない子だから」「保護者がしっかりと言い聞かせてください」など、本人や家族だけに責任を負わせないようにしましょう。また、本人は意図的に他害をしたのではなく、そうせざるを得なかったのだという視点で話をすること、保護者と協力して本人の長所を伸ばして、他害を減らしていきましょうというスタンスが大切です。

事例15　スマホ・ネット依存

事例概要

　中学1年生のPくんの保護者から、家に帰るとスマホばかりいじっていて、何度声をかけても、宿題やテスト勉強をやらなくて困っていると相談がありました。

つながる

　いまやインターネットやスマートフォンは、私たちの生活に欠かすことができません。その使い方も、情報収集、コミュニケーション、買い物、ゲームや動画視聴など多岐に渡ります。また、これまではつながることが難しいと考えられた人や場所にも簡単にアクセスすることができます。一方で、危険性の高い場面に出くわすことも考えられます。

　スマホやネットは大変便利なツールではありますが、それらの過剰使用について向き合うことが必要な場合があります。具体的には、子どもが自分自身でその使用をコントロールすることができない、スマホやネットから離れることができない状態などが挙げられます。そして、これらの状態が甚だしく、日常生活に大きく支障が出る場合にはアディクション（依存）の問題として捉えることができます。依存の問題の解決は簡単ではありません。使用を禁止するなどの一方向的な指導だけで解決を目指すのではなく、多方面から支援をしていく必要があるでしょう。

引き出す

- ・本人のスマホやネットの使用用途は何でしょうか。
- ・本人は画面の先で何を手に入れているのでしょうか。
  その（依存）内容は何でしょうか。
- ・本人がスマホやネット以外に「日常生活の中で楽しめること」
  はあるでしょうか。
- ・「安心して過ごせる」場所や相手はいるでしょうか。
- ・本人は自分が依存していることに自覚がありますか。

つなげる

　スマホやネットにいつから依存するようになったのでしょうか。過度な使用や依存が始まった時期を振り返ったときに何か気になることはなかったのか情報を聞いてみましょう。丁寧にこれまでの本人の状況を追っていくことが必要です。加えて、日々の生活の中で本人が充実感をもつためにはどうすればよいでしょうか。その際に、学校だけでなく家庭状況も含めてお互いの情報を出し合ってみましょう。

　また、一方的に機器を取り上げてしまうと本人からの強い抵抗や暴力行為に発展することもあります。問題解決的な視点にこだわり過ぎないように気をつけましょう。今後の目標（ゴール）設定についても重要になります。依存への対処のみならず、本人と保護者、取り巻く社会の中で妥当な使い方（使用時間帯、費用、ルールの設定）について学んでいくことや、スマホやネットを使わない時間をどのように過ごすかを一緒に考えることも必要になってくるでしょう。

事例16　何だか様子が気になる

事例概要

　担任の先生は、小学6年生のQさんの様子が以前と変わったような気がして心配しています。学校ではなんだか浮かない表情をしていることが増え、休み時間もひとりで過ごしているようです。

つながる

　これまでの経験、そしていつも子どもたちを見ているからこそ、"何か様子が気になった"のだと思います。子ども自身も無自覚なことがあります。子どもは周囲の状況や自分の状態を正しく捉える力が弱く、感情表現の未熟さがあります。そのため、言動の変化や身体の不調として現れる場合があります。

　初期であれば、子どもが周囲の状況や自分の気持ちに気づくために、遊びや絵などの表現活動の中で自己表現する機会を作ることにより、状態が改善される場合があります。10歳を超えると、過剰なストレスの蓄積により、リストカットなどの自傷行為、うつ病、摂食障害、統合失調症などに結びつくリスクが高まります。幼いうちは、行動が表面化されやすいですが、思春期が近づくと外から問題が見えにくくなります。もしかしたら、そのようなリスクの前兆として"何だか様子が気になる"と感じ取っているのかもしれません。

引き出す

＊子どもについて情報を整理するために、「いつから気になり始めたか？」「どのような行動か？」「どの場面で見られるか？」「どれくらいの時間・頻度で生じるのか？」を確認しましょう。
・（気になり始めた時期の）1〜2ヵ月前頃について、生活に何か変化はありましたか。
・学習や友人関係での変化は見られますか？
・本人とは、最近何か変わったことがあったかなどの話ができそうですか。

つなげる

　保護者に子どもの様子を伝えるとき、「お子さんの様子が気になります」という表現は、「他の子と違う」「集団から逸脱している」あるいは「何か病気や障害なのではないか」ということを暗示すると誤解されてしまいます。そのため、できるだけ具体的な様子を伝えるとともに、支援者として、お子さんが何か困っていることがないか気にかけていることを意識して伝えるとよいでしょう。

　保護者に支援者の意図が伝わったことを確認してから、「最近、ご家庭で何か変化はありましたか？」「保護者の方が見ていて気になるような様子はありますか」と子どもの生活環境の変化など具体的な質問へと進めていくことで、子どもをともに支えるための話し合いに向かうでしょう。

事例17　発達障害かもしれない

事例概要

　　小学１年生のRくんは、自分の興味のあることについてたくさんの知識をもっていて、いつもいろいろなことを教えてくれます。しかし、授業中でも場面と関係なくそのことを大きな声で話してしまい、一度話し出すとなかなかやめることができません。その他、友達との関わりや先生とのコミュニケーションでもうまくいかないことが多く、担任としてRくんにどのように関わったらよいか悩んでいます。

つながる

　　「発達障害かもしれない」とお考えになったということは、先生がその子どもを観ていて何かを感じ取られたのだと思います。その何かがはっきりとしたものでなくても、先生が何かを感じ取られたということは、その子が困っていて支援を求めている状況にあることが示唆されるでしょう。その子が発達障害かどうかは別にして、支援を始めていくことはできます。

　　先生が発達障害かもしれないと感じ取られたならば、その子の情報の受け取り方には偏りがあるのかもしれません。その場合、その子は得意なことと不得意なことに大きな差がある可能性が考えられ、得意なことを生かしたその子に合う学習方法を探していくといったアプローチがあるでしょう。

引き出す

> ・家での様子で何か気になっていることはありますか。
> ・好きなこと、得意なことは何ですか。
> ・嫌なこと、苦手なことはありますか。
> ・小さい頃に気になる様子はありましたか。
> ・休みの日、何をして過ごしていますか。

つなげる

　保護者も自分の子どものことを何となく気になっていたということは少なくないと思われます。「ウチの子、大丈夫かしら。もしかしたら、学校で上手くやれていないのかもしれない」と不安を感じていたことも多いでしょう。保護者が不安にとらわれてしまうと、子どものできていないことに対する注意・叱責が増えてしまい、かえって学校での子どものパフォーマンス（取り組み）が下がってしまうことは少なくありません。そうすると、そのパフォーマンスが下がった様子がまた保護者に報告され、さらに本人が注意・叱責を受ける、という負のサイクルに入ってしまいます。このことを防ぐためにも、「本人のできていること」に焦点を当てて話をした上で、苦労していること、課題となっていることをあわせて伝えていくことが大切です。そして、この子にはどう働きかけていくともっと伸びていくだろうか、という視点で話を共有できることが重要であると考えます。本人の得意不得意が何であって、どうしていくとより伸びていくのかを共有していけることが何よりも大事です。

事例18　不登校

事例概要

　中学２年生のＳさんは、半年ほど前から「学校に行きたくない」と言うことが増え、たまに遅刻や早退をしながらも頑張って登校していました。しかし、１ヵ月ほど前から、朝学校に行こうとすると具合が悪くなり、欠席するようになりました。

つながる

　不登校とは、「登校しないあるいはしたくともできない状態にあること」を指します。不登校のきっかけや背景はさまざまですが、どのケースも事前に何らかのサインを出している場合が多いと考えられます。子どもの状態が適切に把握されない状態が続くと、長期化してしまうリスクが高まりますが、早い段階に手立てを打つことで、改善ないし解決が期待できます。

　不登校状態を理解するためには、①集団の中で自分を適度に表現しながらやっていく力をもっているか、②意欲の元となる心のエネルギーは十分にあるか、という２つの視点で捉える必要があります。子どもの再登校が最終的な「解決」ですが、「家族と再び笑顔で会話できることが増えた」「学校以外の場所に自分の意志で出かけることができた」といった、登校できる／できないだけではない心理的・行動的変化を成長や前進と捉え、本人や保護者の頑張りの成果として伝え返していくことが大切です。

引き出す

- ・不登校のきっかけは何かあるでしょうか。
- ・現在、不登校状態を維持している要因は何でしょうか。
- ・子どもは家族にどのように話していますか。
- ・子どもの不登校状態を、家庭ではどのように捉えていますか。
- ・昼夜逆転していませんか？　食事や入浴はできていますか。
- ・今できていること、やろうとしていることは何でしょうか。

つなげる

　これまでの経緯を一緒に確認しながら、保護者の不安を受け止めることが大切です。子どもの気持ちがまだ学校に向いていない段階では、家の中でできることを継続させることもひとつの大切なステップと考え、現在の生活の様子を聴き取っていきましょう。現在の様子を聴き取る中で病的な状態が疑われる場合には、養護教諭やSC（スクールカウンセラー）、SSW（スクールソーシャルワーカー）の意見も伺い、医療機関の情報提供を行う必要もあるかもしれません。

　また、不登校の相談では、保護者から具体的なアドバイスを求められることもあるため、以下について、情報を整理しておきましょう。ケースによって、不登校状態が長期化する場合も視野に入れ、保護者を支える存在になれることが望ましいと考えます。

- ・家庭内での心のエネルギーの蓄え方
- ・学校とつながれそうな場合、協力できる方法
- ・適応指導教室などのサポート資源の情報

事例19　非行

事例概要

　中学1年生のTくんは、夏休み明けから気持ちが荒れていることが増え、放課後に他校の生徒と公園で大喧嘩したり、怒ると教室のガラスを割ったりしてしまいます。

つながる

　学校では「空き地で決闘している」「授業中踏ん反り返って話を聞いていない」「隣の中学校へ乗り込みガラスを割った」などの話を伺うことがあります。これらを分析すると、非行は「その子の性格」や「内面」というより、「"非行"と他者に受け取られる行動」を指すと捉えることができます。そして、"非行"と捉えられる行動をするのには、理由（背景）があります。その理由として考えられるのは、注目引き・認められなさ・スキル不足・家庭環境です。「自分を見てもらうためには、非行と捉えられる行動でも、しないとダメだ（自己の存在価値がない）」と考えているかもしれません。つまり、非行と捉えられる行動以外で誰かに見てもらえる・認めてもらえる方法を知らない・身につけていないとも言えます。「あなたのことはとっても大事」「ありがとう」という前向きな声をかけられることや本人の適切な働きかけに十分に注目してもらえる家庭環境になかった可能性もあります。決して、本人の元々の性格により小さい頃から非行だったわけではないと考えます。

引き出す

- 本人の得意なこと・好きなことは何でしょうか。
- 「こうしたい」「〜が嫌だ」「こんな人物になりたい」などの本人の願いは何でしょうか。
- 小さい頃の宿題など学習の取り組みの様子はいかがでしょうか。
  （学習を積み重ねられなかった可能性を確認するため）
- ご家庭での本人への関わりはどうしているでしょうか。
  （良かれと思って叱責を重ねている可能性を確認するため）

つなげる

　非行をどうにかするという視点ではなく、本人に苦手なところがあるために、非行的な行為をせざるを得ないという視点でアプローチしていきたいと考えます。不適切な行動で得ているものを、その代わりとなる適切な行動で達成できるようにするための方法を一緒に考えていきたいという方向性が重要です。そして、本人なりに抱えている過度な負担を軽減できるような環境の工夫を行ない、本人の強みとなるものを大いに伸ばしていけるように対応していくことが大事です。

　「家庭の環境が悪いから」「本人の努力不足」というスタンスではなく、「〜ということで苦しんでいるから、こういった行動でやむなく過ごしているのかもしれません」というスタンスで、保護者の方と信頼関係を築いていくことが大切です。

事例20　虐待またはその疑い

事例概要

　小学４年生のＵくんが顔にあざを作って登校しました。事情を聞くと、「お父さんに殴られた」と言います。児童虐待の疑いがあるため、管理職と連携してすぐに対応したいと考えています。

つながる

　児童虐待は、年々増加傾向にあります。このような現状をふまえ、厚生労働省は平成27年７月より全国児童相談所の共通電話番号「１８９（いちはやく）」を設定しています。ダイヤルすると近くの児童相談所につながるようになっており、虐待が疑われた場合には児童相談所に連絡を入れることを呼びかけています。

　児童虐待は、身体的虐待、心理的虐待、性的虐待、ネグレクトに分類されます。最近の研究では、日常的な虐待は子どもの脳に影響を及ぼすことが明らかとなっています。そのため、発育不全、情緒不安定、認知能力の一部分の弱さなど、さまざまな形で顕在化します。日頃から家庭環境、生活面、学習面、友人関係など多角的に捉えるとともに、子どもの表情や言動、不定愁訴（身体的な異常がないにもかかわらず、腹痛・頭痛を訴えるなど）といったサインに目を向けることが大切です。

　学校は、虐待の疑いをキャッチした時点で、児童相談所もしくは区市町村の児童相談窓口などと連携を図ること、そして、学校は子どもにとって安全・安心場であることが求められます。

引き出す

- 虐待を疑うきっかけとなった出来事や子どもの様子は、具体的にどのようなものでしょうか。
- 家族構成や家族の状況について情報はありますか。
- 保護者は子どもについてどのように話していますか。
  子どもは保護者についてどのように話していますか。
- 保護者は家庭のことについて話したがらない様子がみられますか。
  子どもは家庭のことについて話したがらない、または嘘をつくことがありますか。
- 保護者の周りには家事・育児を手伝ってくれる人や相談相手はいますか。
- 子どもを守ってくれる大人は周囲にいますか。
- 児童相談所もしくは区市町村の児童相談窓口などの関係機関には誰がどのように連絡・情報共有をしていますか。

つなげる

　厳しい状況の中で精一杯育児を頑張ってきたことの歪みが児童虐待として現れることがあります。保護者自身も悩み苦しんでいる場合が多く、子どもだけでなく保護者のサポートをすることによって状況が改善することがあります。しかしながら、虐待は子どもの成長そして命に関わる問題であるため、校内および関係機関と連携を図り、早期に対応することが求められます。

コラム5

「書く」ことは一石二鳥！

　保護者相談では、相手の話を聞いたり自分の伝えたいことを話したりと、ついつい話に夢中になってしまいがちです。しかし、相談が終わってみると、次に何をすればよいのかわからなくなってしまったり、どのように決まったのか結論を思い出せなかったりすることもしばしばです。また、相手が話したことは記録に残していても、自分が話したことは記録に残し忘れてしまうこともあります。相談中、記録をとることばかりに夢中になるのも考えものですが、重要な情報はキーワードだけでも書きとめておくように心がけましょう。

　相談中に記録をとる際は、「何を書いているんだろう」と相手の警戒心が高まったり、本音を語りにくくなったりすることを防ぐために、事前に説明や確認をとることが重要です。「伺ったことを忘れないためにメモをとらせていただいてもよいですか？」と目的を説明し、守秘義務はきちんと守られることも伝えられるとよいでしょう。記録は、保護者の目に触れてもよいように事実のみを書くようにすると安心です。

　相談の中で「書く」ことは、自分の記憶を補う役割がありますが、書いて見せることで相談内容を保護者と共有することにも役立ちます。問題の経過を時系列に沿って整理したり、これまでの対応を振り返るために書き出してみたり、今日話したことのまとめを作成したり……。できあがったものを保護者にも持ち帰ってもらうことで、相談に来た「おみやげ」を渡すこともできるでしょう。本書のワークシートも相談の中で活用してみてください。

付　録

ワークシートを
活用してみよう

❖ 状況を整理するためにはいろいろな観点が必要です

小さい頃の様子	
最近の様子	

家での様子	
学校での様子	

個別での様子	
集団での様子	

❖ 役割分担をすることでできることが増えます

今、関わっている人・機関

これまで、関わっていた人・機関

これから、関わってほしい人・機関

付 録

ワークシートを活用してみよう

❖ 相談がはじまる前に環境を整えましょう

✓	チェックしてみよう
	静音は保たれていますか
	室温は快適ですか
	周りに不必要なものがたくさん置かれていませんか
	お互いから見える位置に時計が置かれていますか
	人の出入りがなくプライバシーが保たれていますか
	必要な資料やメモ用紙は手元にありますか
	相手に失礼のないよう身だしなみを整えていますか

※必要な項目を追加できます。

❖子どもの好きや得意を把握しましょう

好き・得意・大丈夫	嫌い・苦手・だめ

ワークシートを活用してみよう

❖ 今できていることを整理してみましょう

今できていること

相談で聞きたいこと

❖ つなげる相談で大事なことをチェック

✓	チェックしてみよう
	保護者に紹介しようと考えている機関についての情報収集をする
	保護者に伝えたいことを整理し、必要な資料を用意する
	対応する人とその人数、相談をする部屋の環境設定に配慮する
	保護者が相談の場に来てくれたことを労う声かけをする
	最近の様子として、まず子どもが頑張っていることを伝える
	子どもが何に困っているかを具体的に伝える
	保護者の話から家庭での様子を想像しながら、詳しく聞く
	以前に同じことがあったか、どのように対応したかを聞く
	その事柄についての、保護者の捉え方を聞く
	現在、行なっている対応でうまくいっているものがあれば共有する
	つなげる先の情報を具体的に提供する（強制はしない）
	即答を求めず家庭で検討してもらうことを提案する
	次回の相談日程を決める
	次回までに学校がすることを伝える

◈ まずは頑張りから伝えましょう

楽しんでいること

できるようになったこと

頑張っていること

それでも困っている・心配していること

周りが対応していること

保護者として気になっていることを聴き取る

❖❖相談先を整理しておきましょう

無料で相談できるところ

すぐに相談できるところ

近くで相談できるところ

専門的に相談できるところ

年齢が上がっても継続的に相談できるところ

❖ 情報提供のために確認しておきましょう

時間	
曜日	
場所	
対象	
金額	
スタッフ	
混み具合	
予約方法	

❖❖代替行動を考えてみましょう

気になる行動	アイデア

❖❖ 睡眠日誌をつけてみましょう

	月 日	月 日	月 日	月 日	月 日	月 日	月 日	月 日
	月	火	水	木	金	土	日	
0時								
1時								
2時								
3時								
4時								
5時								
6時								
7時								
8時								
9時								
10時								
11時								
12時								
13時								
14時								
15時								
16時								
17時								
18時								
19時								
20時								
21時								
22時								
23時								

❖ 生活リズムを記録してみましょう

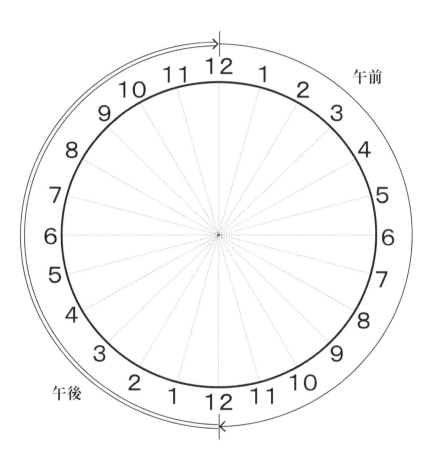

午前

午後

あとがき

　本書は、「保護者相談」においてさまざまな子ども・保護者・先生と出会う中で大切だと感じたポイントを心理士の視点でまとめたものです。心理士が保護者相談で扱うケースの中には、保護者と先生が、共通の目標をもっているにも拘わらず、伝え方ひとつで誤解が生じたり関係がこじれたりしていることも少なくありません。そこで、保護者相談を進めていくための基本的な姿勢や考え方について話し合い、まとめることにしました。それぞれのポイントは、臨床心理学や障害児・者心理学、応用行動分析学などの理論と現場での経験から書かれています。これらが、先生や保護者の負担を少しでも減らし、ひいては子どもたちの健やかなる成長につながることを願っています。

　本書の執筆にあたり貴重なご意見をいただきました、山口県内の先生方に厚く御礼申し上げます。

　また、構想段階から多くのご協力をいただきました、山口大学教育学部の須藤邦彦先生、作新学院大学女子短期大学部の矢野善教先生、立教大学しょうがい学生支援室の中村佑太さん、所沢市立教育センター教育相談室の廣田彩さん、日高市教育センター教育相談室の藤野雄教さんにも感謝申し上げます。

　最後に本書を作成する過程で辛抱強くご支援・助言いただいた学苑社社長の杉本哲也氏に御礼を申し上げます。

竹森　亜美

著者紹介

大石　幸二（おおいし　こうじ）【監修、まえがき、読み方ガイド】
　立教大学現代心理学部　教授
　公認心理師・臨床心理士・臨床発達心理士。応用行動分析を専門とし、神経発達症群の幼児・児童生徒の社会関係や行動調整に係る定量的な研究に長らく従事してきた。著訳書に、『ビジュアルブック ASD の君へ─ラクな気持ちになるためのヒント集─』、『公認心理師・臨床心理士のための発達障害論』、『配慮を要する子どものための個別の保育・指導計画』（いずれも、学苑社）などがある。

竹森　亜美（たけもり　あみ）【編集、はじめに、第１章〜第４章、事例１〜事例３、事例６、事例13、コラム１〜コラム５、あとがき】
　所沢市立教育センター　教育相談員
　公認心理師・臨床心理士。臨床心理学および障害児・者心理学を専門とし、公立の教育相談機関で子どもや保護者の相談に携わってきた。また、幼保小中・特別支援学校での巡回相談や校内研修を通して、発達に課題を抱える子どもたちの支援を行なっている。

須田なつ美（すだ　なつみ）【編集、第１章〜第４章、事例６、事例８、事例12、事例13、事例18、コラム１〜コラム５】
　所沢市こども支援センター発達支援エリア「マーガレット」相談員
　公認心理師、臨床発達心理士。応用行動分析、障害児・者心理学を専門とし、教育相談機関において保護者や子どもとの相談、学校や幼稚園・保育園での研修およびコンサルテーションに従事。現在は、発達支援センター、子育て支援センター、乳幼児健診等において、乳幼児期からの発達臨床につとめている。

染谷　怜（そめや　さとる）【編集、第１章〜第４章、事例６、事例13、事例14、事例17、事例19】
　医療法人社団神尾陽子記念会発達障害クリニック　心理士
　公認心理師・臨床心理士・特別支援教育士。民間機関で個別・集団療育、大学の学生相談室、教育センターでの教育相談に従事してきた。現在はクリニックにおいて医師と連携しながらアセスメントに携わる傍ら、幼保小中高で授業観察、コンサルテーション、保護者・児童生徒との個別相談などに取り組んでいる。

中内　麻美（なかうち　あさみ）【事例10、事例16、事例20】
　星美学園短期大学幼児保育学科　講師
脇　貴典（わき　たかのり）【事例９、事例11、事例15】
　筑波大学人間系　研究員
渡邉　孝継（わたなべ　たかつぐ）【事例４、事例５、事例７】
　立正大学社会福祉学部　助教
近藤　悠海（こんどう　ゆうみ）【イラスト】
　株式会社 HANA 放課後等デイサービス Hana スタッフ

装丁　有泉武己

先生のための保護者相談ハンドブック
──配慮を要する子どもの保護者とつながる３つの技術　　　　Ⓒ2020

2020年２月10日　初版第１刷発行

監修者　大石幸二
編著者　竹森亜美
　　　　須田なつ美
　　　　染谷　怜
発行者　杉本哲也
発行所　株式会社 学 苑 社
東京都千代田区富士見２−10−２
電話　　03（3263）3817
FAX　　03（3263）2410
振替　　00100−7−177379
印刷　　藤原印刷株式会社
製本　　株式会社難波製本

検印省略　　　　　　　　乱丁落丁はお取り替えいたします。
　　　　　　　　　　　　定価はカバーに表示してあります。

ISBN978-4-7614-0811-4　C3037